※ 이 책은 한중 공동출판 콘텐츠 선정도서로 한국출판문화산업진흥원 출판지원사업의 지원을 받아 발행되었습니다.

펴 낸 날 2015년 11월 30일 1판 1쇄

글 쓴 이 어린이동아 취재팀
엮 은 이 김임숙
펴 낸 이 강유균
교정·교열 이교숙
디 자 인 차정아

임프린트 어린이동아
펴 낸 곳 리드리드출판(주)
출판등록 1978년 5월 15일(제 13-19호)
주   소 서울 마포구 마포대로 12, 808호(마포동, 한신빌딩)
전   화 (02) 719-1424
팩   스 (02) 719-1404
이 메 일 gangibook@naver.com

ⓒ(주)동아이지에듀
ISBN 978-89-7277-408-2 (73800)

- 저자와의 협약에 따라 인지는 붙이지 않습니다.
- 이 책은 저작권법에 따라 보호를 받는 저작물이므로 무단전재와 무단복제를 금지하며, 이 책 내용의 전부 또는 일부를 이용하려면 반드시 리드리드출판(주)의 서면 동의를 받아야 합니다. 저작권에 이의가 있거나 저작권자를 찾지 못해 게재를 허락받지 못한 자료의 경우 저작권자가 확인되는 대로 게재 허락을 받고 소정의 사용료를 지불하겠습니다.
- 어린이동아는 동아일보 교육법인 (주)동아이지에듀와 제휴한 리드리드출판(주)의 임프린트 출판 브랜드입니다.
- 잘못된 책은 바꾸어 드립니다.
- 책값은 뒤표지에 있습니다.

※사진자료 제공_동아일보, 강이북스 자료실

이 도서의 국립중앙도서관 출판예정도서목록(CIP)은 서지정보유통지원시스템 홈페이지(http://seoji.nl.go.kr)와 국가자료공동목록시스템(http://www.nl.go.kr/kolisnet)에서 이용하실 수 있습니다.(CIP제어번호: CIP2015027337)

신나는 과학놀이터

어린이동아 취재팀 글 · 김임숙 엮음

어린이동아

 차 례

드론의 활약
구조대·양치기·집배원 만능 드론 ············ **12**

공룡 이름에 담긴 뜻
티라노사우루스는 폭군 도마뱀왕 ············ **17**

희귀병 걸린 사람을 '냉동인간'으로?
의학 발전 VS 생명 상품화 ············ **22**

아기는 어떻게 태어날까?
정자 '헉헉' 빨리 헤엄쳐야 살아남아요 ············ **26**

쌍둥이가 태어나는 원리
한 방에서 자라면 얼굴 똑같네 ············ **31**

해수욕장 모래, 어떻게 만들어질까?
파도 '철썩' 치면 바위가 모래알로 ············ **35**

수영에 숨겨진 과학원리
지방은 '둥둥' 근육은 '풍덩' ············ **39**

다른 동물 속여 새끼 기르는 '암체' 동물
뱁새는 왜 뻐꾸기 새끼를 키워줄까? ············ **43**

생태계 교란하는 외래동식물
토종 씨 말리는 가시박·붉은귀거북 ········ 48

인간, 호모에렉투스 때부터 던지는 행동
공 던지기, 캥거루 점프… 탄성 에너지 덕분! ········ 52

3D프린터 특허 끝나
자동차 부품·우주정거장 장비도 뚝딱뚝딱 ········ 56

인터페이스 기술, 어떻게 발전했을까?
생각만으로 상대방을 움직이게 하라! ········ 59

인류의 식량 자원으로 떠오르는 곤충
곤충으로 만든 햄버거·소시지 '냠냠' ········ 62

태풍 이름 속 숨겨진 비밀은?
나리·개미·너구리… 우리말로 된 이름이었네! ········ 66

산타와 관련된 수학·과학 이야기
지구 모든 어린이 선물 포장하는 데 걸리는 시간은? ··· 71

1년에 2만5000km 이동하는 겨울철새 이야기
철새들이 V자 모양으로 나는 이유는? ········ 75

야구 속 과학 이야기
습도 높으면 홈런이 팡팡! ……………… **79**

소행성 '커리클로'에 고리 발견
태양계 행성들 고리, 어떻게 발견됐을까? ……………… **83**

파리는 지구 최고의 비행사
1초에 날개 200번 파닥파닥 ……………… **87**

지하철은 어떻게 움직일까?
전기 '찌릿' 하면 지하철 꼬리 '꿈틀~' ……………… **91**

선선해진 날씨, 머리카락 많이 빠지는 이유?
두피 각질이 모낭 꽉 막아 ……………… **95**

'배아줄기세포 치료제'로 시력 되찾아
어떤 세포로든 변하는 만능세포 ……………… **98**

왜 추울수록 해가 일찍 질까?
계절마다 햇빛 양 달라져요 ……………… **102**

김장김치 맛 속 숨겨진 과학
'아삭'배추에서 '새콤'김치로 ……………… **106**

인공 눈에 숨겨진 과학 원리
왜 스키장엔 항상 눈이 수북할까? ········· **110**

겨울철 부츠 속 냄새… 원인은 곰팡이
'병 주고 약 주고' 두 얼굴 ········· **115**

화산이 폭발하는 과정
부글부글 마그마, 모이면 쾅쾅 ········· **119**

민속놀이에 숨은 과학원리
빙글빙글 팽이가 도는 이유는? ········· **124**

원자력 발전의 두 얼굴
에너지 생산 효율적 vs 방사성 물질 위험 ········· **127**

식물 플랑크톤이 지구온난화의 원인?
적당하면 '약' 과하면 '독' ········· **131**

충남 보령 바닷가에서 공룡발자국 화석 발견
부드러운 진흙 위에 발자국 '꾹' ········· **135**

드론의 활약
구조대·양치기·집배원 만능 드론

최근 우리나라 정부가 드론(무인항공기)을 날리는 데 필요한 허가 절차를 간편하게 만드는 등 드론과 관련된 각종 규제를 풀겠다고 발표했다. 국내 드론 산업을 활성화하기 위해서다.

요즘 드론은 우리나라뿐 아니라 세계적으로 주목받고 있다. 과연 드론은 뭘까? 어떻게 쓰일까? 가상으로 쓴 드론의 이야기를 통해 알아보자.

하늘 나는 비결? 양력

안녕? 난 드론(drone)이야. 내 이름은 영어로 '수벌'을 뜻한단다. 벌을 닮았냐고? 글쎄~.

1930년대 영국 공군이 기존에 쓰던 훈련용 비행기를 개조해 세계 최초의 무인비행기를 만들었어. 이 무인비행기의 이름이 '퀸 비(queen bee·여왕벌)'야. 이를 본떠 미국 해군도 무인비행기를 만들었지. 퀸 비에 대한 경의를 담아 지은 이름이 바로 수벌 '드론'이야.

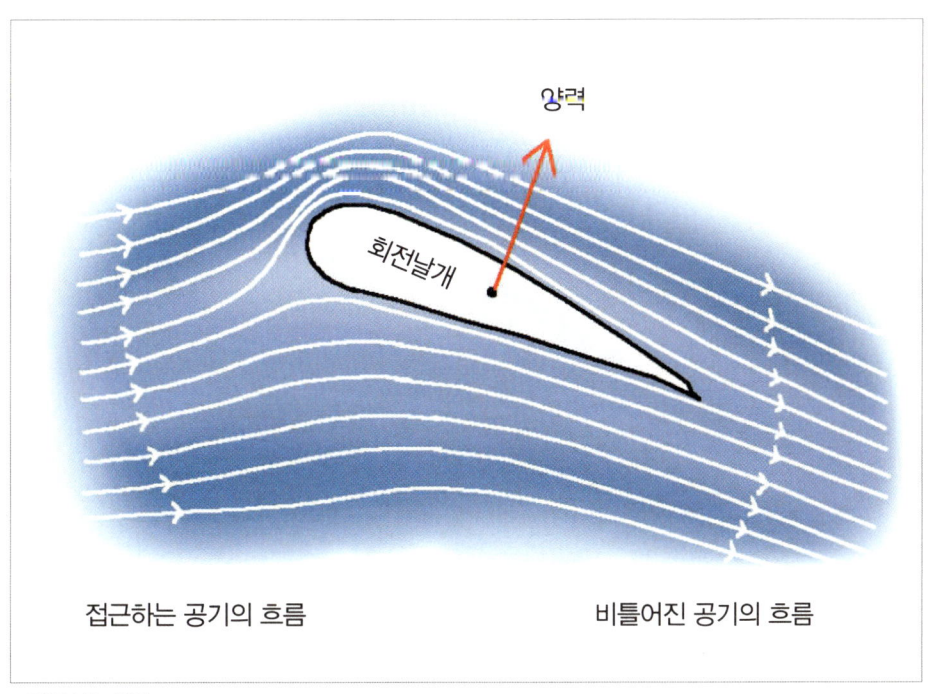

드론이 나는 원리

지금은 이 이름이 세계적으로 널리 쓰이는 거란다.

무선인터넷 통신기술인 와이파이(Wi-Fi)를 통해 사용자의 스마트기기와 연결된 애플리케이션을 연동시켜 원격조종되는 드론, 사람이 조종하지 않아도 위성항법장치(GPS·인공위성을 통해 사물의 위치를 파악하는 장치)로 움직이는 드론 등이 있지.

내가 하늘을 나는 비결이 궁금하니? 그건 바로 '양력(위로 끌어당기는 힘)' 덕분이야. 위쪽이 볼록한 회전날개가 아주 빠르게 빙글빙글 돌면 날개 주위의 공기 흐름이 바뀌어. 그러면 원래 수평으로 흐르던 공기의 흐름이 회전날개의 영향을 받아 위에서 아래 방향으로 흐르게 되지. 공기의 흐름을 다시 수평을 만들기 위해 양력이 발생해. 이 양력이 날 공중으로 들어올린단다.

위험한 곳(?) 문제없어

현재 나는 구조, 배달 등 다양한 곳에서 쓰이고 있지. 최근 가장 뿌듯한 일 중 하나가 규모 7.8의 강진으로 폐허가 된 네팔에서 내가 사람들을 구출하는 데 큰 역할을 했다는 거야.

재난 현장은 매우 위험하기 때문에 사람이 직접 가서 구조작업을 펼치기 힘든 곳이야. 그래서 사람들이 내 몸에 카메라를 달아 날 네팔의 재난 현장 곳곳으로 날려 보냈어. 내 몸에 달린 카메라가 무너진 건물의 잔해에 파묻힌 생존자를 포착해 구조될 수 있도록 했지.

또 네팔의 문화유산인 '다라하라 탑'이 무너진 현장에 가 탑의 상태를 면밀하게 살폈어. 내 몸에 달린 카메라가 촬영한 동영상을 바탕으로 네팔 정부는 탑을 복원할 수 있는 방안을 찾고 있어.

자연경관이 아름다워 세계 여행객들에게 큰 사랑을 받아온 네팔이 한순간에 처참하게 변한 모습을 보며 가슴이 너무 아팠단다. 네팔이 제 모습을 찾을 수 있도록 세계 각국에서 만들어진 드론들도 '영차' 힘쓸게.

일자리를 빼앗기도 해

하지만 이곳저곳 활약하는 나 때문에 일자리를 빼앗길 위험에 서 있는 사람들도 있어.

최근 뉴질랜드에 있는 여러 양떼 목장에서 나를 이용해 양을 돌보는 경우가 늘었대. 양떼 목장 주인이 내 몸에 카메라를 달고 날 하늘로 띄워. 양의 상태를 실시간으로 확인할 수 있으니까. 나를 양들의 꽁무니에 바싹 붙여 움직이게 하면 양들이 깜짝 놀라 움직이거든. 그럼 말이나 개를 몰아 양떼를 관리하는 양치기가 필요 없게 되는 것이지.

백화점에서 직원이 매단 물건을 나르는 드론 동아일보 자료사진

또 스위스, 프랑스 등지에서 집배원 대신 우편을 배달하는 드론, 택배기사 대신 물품을 배달하는 드론 서비스 등을 도입할 예정이래. 누군가는 자신의 일자리를 잃을 위기에 처한 거야.

사생활 침해는 안 돼

몇몇 사람이 나쁜 의도를 가지고 날 이용하는 바람에

애꿎은 사람들이 피해를 입기도 해.

미국에서 내 몸에 카메라를 달아 할리우드 배우들의 집 상공에 날 띄워 배우들이 생활하는 모습을 촬영하는 파파라치가 늘고 있대. 엄연한 사생활 침해야. 이는 유명인사들뿐 아니라 일반인들에게도 적용될 수 있어.

국내외에서 내가 가져올 부작용을 미리 검토하고 이를 차단할 수 있는 대책이 필요하다는 목소리가 점차 높아지는 이유를 이제 알겠지? 나를 사용하는 사람의 의도가 무엇이냐에 따라 나는 천사가 될 수도, 악마가 될 수도 있단다.

나도 논술왕

드론의 장점과 단점은 무엇일까요? 기사를 바탕으로 '드론의 장점과 단점을 설명하는 글'을 써보세요.

공룡 이름에 담긴 뜻
티라노사우루스는 폭군 도마뱀왕

초식공룡 '브론토사우루스(Brontosaurus)'가 112년 만에 제 이름을 되찾았다.

최근 포르투갈과 영국 공동 연구진은 수백 가지 공룡 화석과 화석 그림들을 비교·분석해 보니 브론토사우루스가 독자적인 '속'임을 확인했다고 발표했다.

'속'이란 생물을 분류하는 체계 중 하나이다. 공룡은 멸종했지만 다른 생물과 마찬가지로 린네의 분류학에 따라 분류된다. 비슷한 형태를 가진 '종'을 모아 크게 '속'으로 분류한다. 사람의 이름과 비교하면 '속'은 '성', '종'은 '이름'에 해당한다.

1억5000만 년 전 지구에서 살았던 브론토사우루스의 화석이 발굴된 1879년. 이 공룡은 초식공룡 '아파토사우루스'와 비슷하게 생겨 1903년부터 '아파토사우루스'라고 불렸다.

하지만 이번에 독자적인 속으로 인정되면서 새로운 이름을 갖게 된 것

브론토사우루스 상상도 동아일보 자료사진

이다. 브론토사우루스는 '천둥'이라는 뜻의 그리스어 'bronto'와 '도마뱀'이라는 뜻의 영어 'sauro'를 합한 말이다. 걸을 때 천둥치는 듯한 발소리가 났을 만큼 공룡의 덩치가 매우 컸음을 의미한다.

또 다른 공룡의 이름에는 어떤 의미가 담겼을까?

상상력 자극하는 이름

1822년 영국의 의사이자 고생물학자인 기드온 멘텔이 공사장에서 공룡화석을 처음 발견했다. 멘텔은 이 화석이 이구아나의 이빨과 비슷하다고 생각해 '이구아노돈'이라고 이름 붙였다.

영국의 또 다른 고생물학자인 리처드 오언은 이 화석의 뼈가 파충류와는 다른 형태임을 알아냈다. 1841년 오언은 '무서울 만큼 거대한'이란 뜻의 그리스어 'deinos'와 '도마뱀'이란 뜻의 영어인 'sauro'를 합쳐 '공룡(dinosaur)'이라는 이름을 붙였다. 사람들의 상상력을 자극하는 인상적인 이름이다.

오늘날 새로운 종 또는 속의 공룡 화석이 발견되면 발견자가 논문을 작성해 관련 학회에 낸다. 검증을 거치면 논문에 소개된 공룡은 새로운 종 또는 속으로 인정된다. 이때 논문 작성자가 쓴 이름이 '학명'이 된다. 학명이란, 세계 공통으로 쓰이는 동식물의 이름이다. 대다수 학명은 세계 여러 나라의 학술적 전문용어에 큰 영향을 끼친 라틴어로 이뤄졌다.

이름 들으면 모습 떠올라

공룡의 이름에는 그 공룡의 생김새를 반영한 것이 많다. '티라노사우루스'(학명 Tyrannosaurus rex)는 '폭군'이란 뜻의 라틴어 'tyrannos'와 '도마뱀'을 뜻하는 영어 'sauro', '왕'을 가리키는 라틴어 'rex'를 합한 말. '폭군 도마뱀 왕'이란 의미이다.

티라노사우루스가 가장 힘센 육식공룡이란 증거는 없지만 이름 덕분에 '공룡의 제왕'이라고 여겨진다.

티라노사우루스 상상도
동아일보 자료사진

코리아케라톱스 화성엔시스 상상도 동아일보 자료사진

　지난해 한국지질자원연구원이 공룡 '데이노케이루스 미리피쿠스'의 나머지 부위 화석을 발굴하고 전체 모습을 복원해 화제를 모았다. 이 공룡의 이름은 라틴어로 '독특한 무서운 손'이라는 뜻이다. 티라노사우루스보다 긴 팔 때문에 이 이름을 갖게 됐다.

　2008년 경기 화성시에서 화석으로 발견된 공룡은 '코리아케라톱스 화성엔시스'라고 불린다. '한국의 화성에서 발견된 뿔 달린 얼굴을 한 공룡'이란 뜻. '-케라톱스(-ceratops)'란 이름이 붙은 공룡들은 모두 뿔과 관련이 있다. 이들 공룡은 이름만 들어도 그 생김새가 쉽게 머릿속에 그려진다.

이름에 성품 드러나

공룡이 이름에 사람이나 기관의 이류이 들어가기도 한다. '디플로도쿠스 가네기(Diplodocus carncgici)'는 공룡 화석을 발굴하는 데 후원한 미국의 자본가인 앤드루 카네기의 이름을 따온 것이다. '가스 도마뱀'이란 뜻의 공룡인 '가소사우루스(Gasosaurus)'는 공룡 화석 발견에 도움을 준 중국의 한 가스회사를 기념하기 위해 붙여진 이름이다.

또한 공룡의 성품이 반영된 이름도 있다. '마이아사우르(Maiasaura)'는 '착한 어미 도마뱀'이라는 뜻. 새끼가 알에서 깨고 나온 뒤에도 쭉 돌본 것으로 추측돼 이 이름이 붙여졌다.

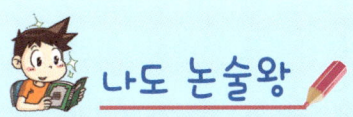

여러분이 좋아하는 공룡은 무엇인가요? 자신이 좋아하는 세 종류의 공룡을 고른 뒤 그 공룡의 이름에 담긴 뜻, 이름이 지어진 배경에 대해 설명하는 글을 써보세요.

희귀병 걸린 사람을 '냉동인간'으로?
의학 발전 vs 생명 상품화

최근 희귀병으로 숨지기 직전인 태국의 두 살배기 여자아이가 '세계에서 가장 어린 냉동인간'이 된다고 외신이 보도했다.

냉동인간이란 현대의학으로 치료할 수 없는 병을 앓거나 나이가 들어 세포활동이 완전히 멈추기 전인 사람을 냉동상태로 보존하는 것이다. 이는 희귀병 치료법이나 노화(나이가 들어 생체 구조와 기능이 떨어지는 현상)를 막는 방법이 개발된 미래에 냉동인간을 해동(얼었던 것이 녹아서 풀림)시켜 치료하면 다시 살릴 수 있다는 믿음에서 생겨났다.

'최연소 냉동인간'이 된 어린이의 부모는 딸의 오른쪽 뇌는 병들지 않은 상태이니 미래에 딸의 병을 고칠 방법이 개발되면 건강을 되찾게 될 것이라고 말했다. 이 사연이 전해지며 냉동인간이 다시금 주목받았다.

영하 196도 보관

인간의 숨이 멎었더라도 세포가 살아있다면 신장과 같은 신체기관은

　냉동시킨 뒤 다시 정상 온도로 되돌리면 기능이 되살아난다는 이 이론을 바탕으로 만들어진 것이 냉동인간이다.

　방법은 다음과 같다. 우선 세포가 죽기 전에 사람 몸을 마취해 체온을 떨어뜨린다. 그런 다음 몸속 혈액을 인공적인 혈액으로 바꾼다. 온도가 갑자기 낮아지면서 세포막이 터지는 것을 막기 위해 특수 용액을 몸속에 투입한다. 이후 질소를 뿌려 냉동처리를 한 뒤 영하 196도인 저장 창고에

보관한다. 이렇게 냉동된 인간의 몸은 생체시간이 멈춰 세포가 늙지 않고 그대로 보존된다.

세계 최초의 냉동인간은 누구일까? 1967년 숨을 거둔 미국의 심리학자인 제임스 베드퍼드 씨. 간암을 앓던 베드퍼드 씨는 미래에 암 치료법이 나올 때까지 냉동인간이 되겠다고 스스로 청했다고 한다.

성공, 아직 먼 이야기

1970년대 미국에서 물고기를 급속히 얼렸다가 녹여 다시 살리는 데 성공했다. 하지만 아직 냉동인간을 해동하는 데 성공한 예는 없다.

각 신체기관을 얼린 뒤 정상 온도로 되돌리면 기능이 회복된다는 것은 이론상으로는 가능하다. 하지만 현실에서도 가능한지는 두고 봐야 할 일이다.

가장 큰 문제는 뇌다. 특히 뇌 속 기억력을 살려내는 일은 현재 가장 풀기 어려운 숙제로 알려져 있다. 일부 과학자들은 아주 작은 크기의 로봇이 해동 중인 인체에 들어가 신체기능이 정상적으로 회복하는 데 문제가 되는 세포를 일일이 복구하는 나노기술이 성공의 열쇠라고 말한다. 과학자들은 2045년엔 이 나노기술이 완성될 것이라 기대하고 있다.

찬반 의견 팽팽

이런 냉동인간을 둘러싼 찬반 의견이 팽팽하다. 현대의학이 해결하지 못한 희귀병 때문에 세상을 떠나야 하는 처지에 놓인 사람들을 구하는 길이라며 의학의 더 큰 발전을 가져오는 원동력이 될 것이라고 찬성하는 쪽이 있는 반면, 신체를 냉동시키려면 비용이 많이 든다. 냉동인간이 성행하면 신체부위를 사고파는 상업적인 행위가 생겨날 것이라며 이는 인간의 존엄성을 해치는 일이라고 반대하는 의견도 있다.

반대하는 사람들은 냉동인간이 부활에 성공했다 하더라도 그 사람이 몇십, 몇백 년이 지난 후의 사회에 쉽게 적응할 수 있을지 의문이라며 또 다른 사회적 문제를 낳을 것이라고 우려한다.

현재 대부분의 유럽 국가는 냉동인간을 불법으로 규정했으며 미국은 주에 따라 냉동인간을 허용하고 있다.

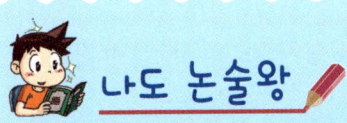

냉동인간에 대한 찬성 혹은 반대 입장을 정한 후 자신의 의견을 타당한 근거를 들어 주장하는 글을 써보세요.

아기는 어떻게 태어날까?

정자 '헉헉' 빨리 헤엄쳐야 살아남아요

요즘 자녀와 함께 하는 연예인들의 모습을 보여주는 TV 예능프로그램이 인기이다. TV에 나오는 귀여운 아기들의 모습은 시청자들의 인기를 독차지한다. 작은 손발, 오동통한 볼을 가진 아기들은 보는 사람을 웃음 짓게 만든다. 귀여운 아기는 어떻게 태어나는 걸까?

한 생명이 탄생하려면 남자의 아기씨인 '정자'와 여자의 아기씨인 '난자'가 만나 만들어진 '수정란'이 엄마의 뱃속에서 약 280일 동안 자라야 한다. 그렇다면 정자와 난자는 어떻게 만날까? 가상의 정자가 들려주는 이야기를 들어보자.

올챙이 닮았네?

안녕? 난 '정자'야. 사춘기를 겪은 남자의 몸속에서 만들어지는 남자의 아기씨란다. 나 혼자선 아기를 만들 수 없어. 꼭 여자의 아기씨인 '난자'를 만나야 해. 그래서 내 삶의 가장 큰 목표는 난자를 만나는 거야.

난 올챙이처럼 생겼어. 둥그런 머리와 길쭉한 꼬리를 지녔지. 머릿속엔 유전자가 든 핵이 있어. 이 핵이 난자에 든 핵과 만나면 생명체가 만들어지는 거지.

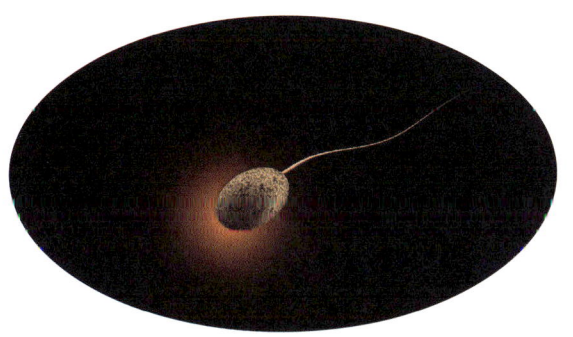

올챙이처럼 생긴 정자

남자의 몸 밖으로 한 번에 배출되는 정자들의 수는 무려 2, 3억 마리야. 여자의 몸속에 들어간 수많은 정자가 각각 꼬리를 세차게 흔들며 나아가. 이중 가장 빨리 난자에 도착한 단 한 마리만이 살아남게 돼. 난자를 못 만난 다른 정자들은 쓸모없어져 숨진단다.

난자는 어떻게 생겼냐고? '투명대'라는 막으로 둘러싸인 난자 속에는 유전자가 든 핵이 들어있단다.

한 마리만 살아남아

난자를 만나러 가는 길은 너무 험난해. 우리 중 절반 이상은 여자의 신체기관인 '질'에 들어가자마자 그 자리에서 목숨을 잃어. 왜냐고? 질에서 산성이 강한 물질이 나오거든.

질을 무사히 통과한 정자는 이제 '자궁'을 거쳐 난자가 있는 '수란관'으로 이동해. 이 과정에서 어떤 정자는 자궁벽이 난자인 줄 알고 머리를 들이밀다가 숨지고, 어떤 정자들은 자기들끼리 머리를 부딪쳐 숨지기도 해. 실제로 수란관에 도착하는 정자는 약 50~60마리에 불과하단다. 이 안에 들었다고 방심하면 안 돼. 우리 중 난자를 만날 수 있는 건 오직 한 마리니까.

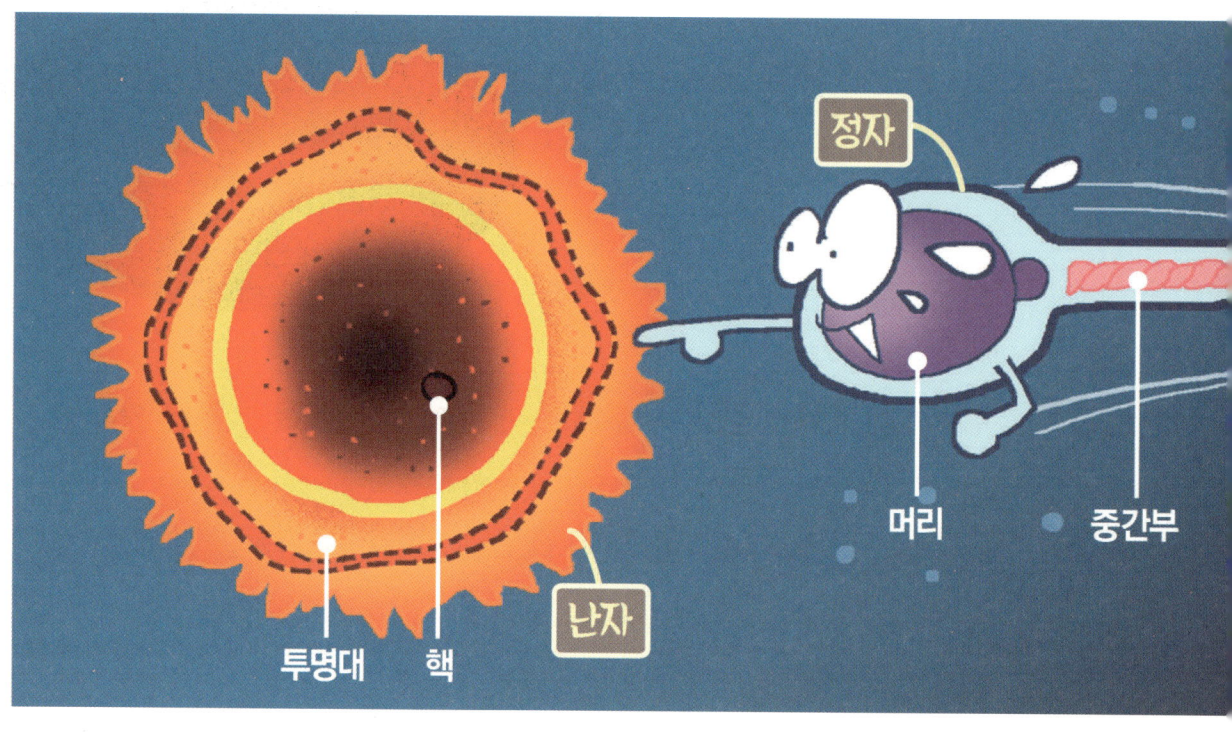

　우리의 머리에는 '첨체'라는 물질이 분비돼. 이 물질에는 난자를 둘러싼 막을 녹이는 성분이 있지. 가장 먼저 난자의 막에 다다른 정자는 첨체를 이용해 난자를 둘러싼 막을 녹이기 시작한단다. 그러다가 지쳐 떨어져 나가면 다른 정자가 가서 녹이기 시작해. 이 과정이 반복되다가 운 좋은 정자 한 마리가 마침내 막을 뚫고 난자를 만난단다.

　정자를 만난 난자를 '수정란'이라고 해. 수정란은 곧바로 분열되기 시작해. 분열을 통해 자라는 거야. 동시에 수정란은 수란관에서 자궁으로 5~7일에 걸쳐 이동해. 자궁에 도착한 수정란은 자궁벽 속에 파묻혀. 이를 '착상'이라고 부른단다. 이 모든 과정이 끝나면 '임신이 되었다'고 하는 거야.

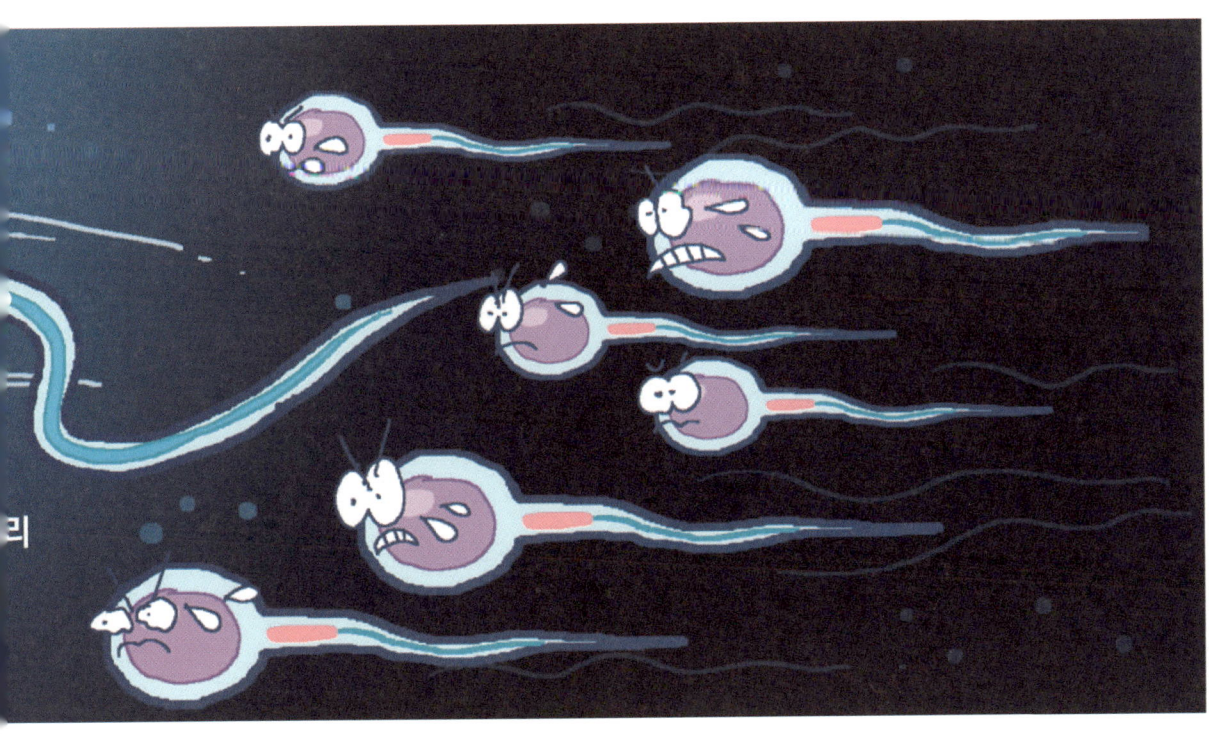

엄지만한 크기에 손발 '짠'

착상된 수정란은 자궁 안에서 약 280일간 머물며 사람의 모양새를 갖춘단다. 처음 약 6주 동안 뇌, 심장, 콩팥, 간, 탯줄 등 여러 신체기관이 만들어져. 이때 형성된 개체를 '배아'라고 불러. 배아의 크기는 약 0.5cm 정도.

이 시기에는 반투명한 얇은 막이 만들어져 배아를 감싸. 이 막을 '양막'이라고 하는데 안에 양수가 가득 차 있어. 양수는 아기의 몸을 따뜻하게 유지시키고 외부 충격으로부터 보호하는 역할을 하지.

임신한 지 8주가 지나면 팔, 다리, 손가락, 발가락 등 대부분의 신체기관이 만들어져. 배아의 크기는 약 2.5cm. 엄지만한 크기에 손발이 달렸다니 신기하지?

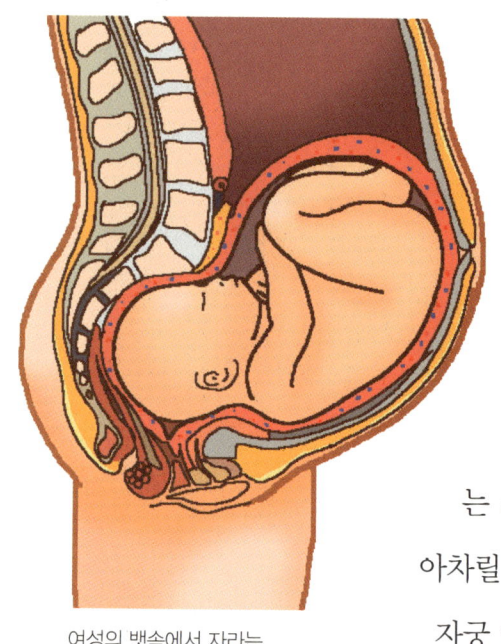

여성의 뱃속에서 자라는 아기의 모습 가상도

정자가 난자를 만난지 9주가 지나면 배아는 '태아'가 돼. 얼굴의 윤곽이 확실해지고 온몸에 솜털이 나면서 거의 완벽한 사람의 모습을 갖추지. 우리가 '아기'라고 부르는 것도 이때부터야.

태아의 움직임은 활발하단다. 자궁 안에서 잠을 자다가 깨기도 해. 자궁 밖에서 나는 소리를 들을 수 있고 빛의 밝음과 어두움도 알아차릴 수 있어.

자궁 안에서 무럭무럭 자란 태아는 약 40주 뒤 '으앙' 우렁차게 울며 세상에 태어난단다.

 한뼘 더

이야기를 읽고 나니 자신이 얼마나 높은 확률을 뚫고 이 세상에 태어났는지 알겠지요? 세상에 나오도록 선택받은 나 자신을 응원하고 격려하는 편지를 써보세요.

쌍둥이가 태어나는 원리
한 방에서 자라면 얼굴 똑같네

자녀와 함께 하는 예능 프로그램 중 쌍둥이, 세쌍둥이의 활약이 가장 빛난다. 쌍둥이는 한 어머니에게서 한꺼번에 태어난 두 아이를 이르는 말이다.

가수 슈의 딸 '라희'와 '라율', 개그맨 이휘재의 아들 '서언'과 '서준', 배우 송일국의 아들 '대한' '민국' '만세'가 그 주인공이다. 엄마 뱃속에서는 어떤 변화가 나타나기에 쌍둥이가 태어나는 걸까? 또 쌍둥이 중에서도 서로 얼굴이 똑같은 경우와 얼굴이 다른 경우가 있는데 그 이유는 무엇일까?

라희·라율, 똑같이 생긴 이유

또랑또랑한 눈, 통통한 볼을 가진 라희와 라율. 자매는 얼굴이 똑같이 생긴 '일란성 쌍둥이'이다. 일란성 쌍둥이로 태어난 아기들은 성별과 생김새, 혈액형이 똑같다.

한 생명이 탄생하려면 남자의 아기씨인 '정자'와 여자의 아기씨인 '난자'가 '수란관'에서 만나 엄마 뱃속에 있는 아기 방인 '자궁'으로 이동한다. 한 번에 한 명의 아기를 낳을 땐 정자 하나와 난자 하나가 만나 이뤄진 하나의 수정란이 자궁에서 자라 생명이 탄생되는 것이다.

일란성 쌍둥이는 정자 하나와 난자 하나가 만나 하나의 수정란이 된 후 두 개로 갈라진다. 두 개의 수정란은 엄마의 뱃속 자궁에서 함께 자란다.

자궁 속에서 태반(태아와 엄마 몸을 연결해 영양 공급, 가스 교환, 노폐물 배출 등의 기능을 담당하는 기관)은 자궁의 한쪽 면을 둘러싸고 있다.

두 개의 수정란은 하나의 태반을 통해 부모의 신체적 특징이 자식에게 전해지는 유전물질을 흡수하며 생명체로 자란다. 수정란 두 개가 하나의 태반에 연결돼 같은 유전물질을 흡수해 똑같은 생김새를 지닌 쌍둥이로 성장하는 것이다.

서언·서준이 다르게 생긴 이유?

서언이와 서준이는 구분이 가능할 정도로 생김새가 다르다. 형 서언이는 얼굴이 갸름한 편이고, 동생 서준이는 볼 살이 통통하다. 이들 형제는 '이란성 쌍둥이'이다.

이란성 쌍둥이는 일란성 쌍둥이와는 달리 정자 두 개와 난자 두 개가 각각 만나 수정란 두 개가 만들어진다. 두 개의 수정란은 하나의 자궁 속에서 두 개의 태반으로부터 각각 영양을 얻는다. 두 개의 태반이 벽을 만들어 자궁 안에 두 개의 방이 생기는 것이다.

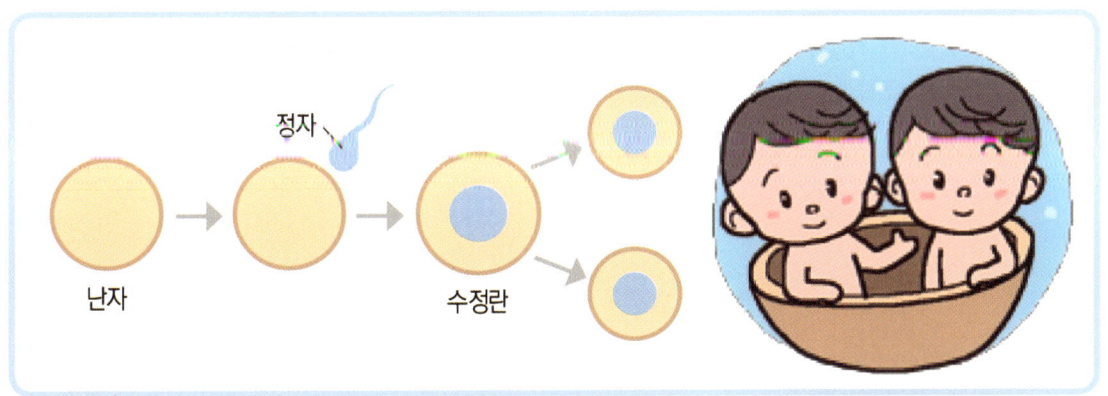
일란성 쌍둥이는 정자 하나와 난자 하나가 만나 수정란이 된 후 두 개로 갈라진다. 하나의 태반을 공유하는 일란성 쌍둥이

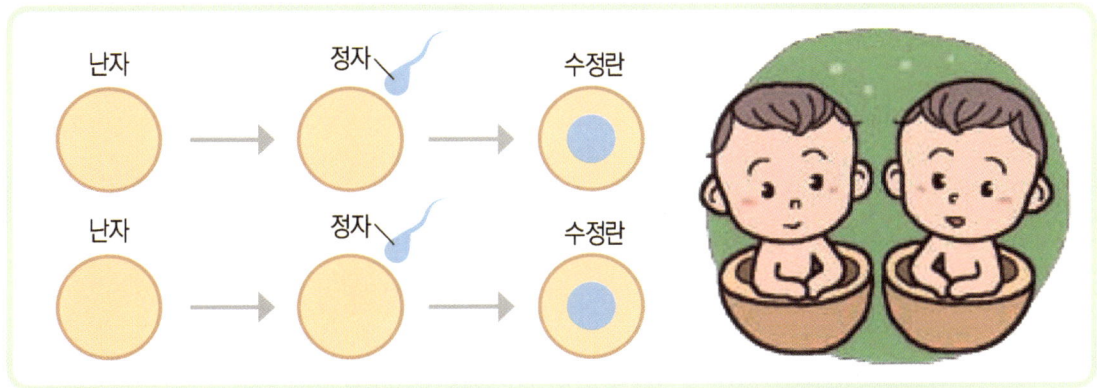
이란성 쌍둥이는 정자 두 개와 난자 두 개가 만나 두 개의 수정란이 된다. 서로 다른 태반을 사용하는 이란성 쌍둥이

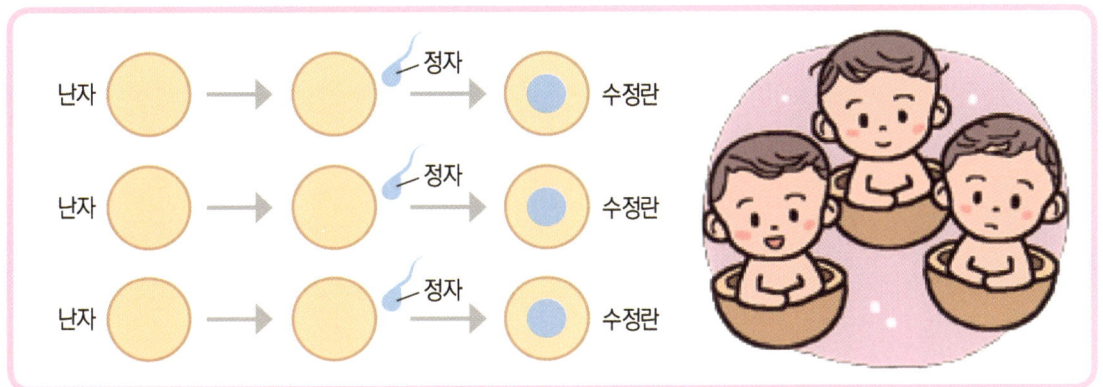
세 쌍둥이는 정자 세 개와 난자 세 개가 만나 세 개의 수정란이 된다. 서로 다른 태반을 사용하는 세 쌍둥이

두 개의 수정란은 서로 다른 태반으로부터 유전물질을 흡수해 생김새와 혈액형이 다른 쌍둥이로 성장하게 된다. 쌍둥이의 성별이 다른 경우도 있다.

세 쌍둥이는 어떻게 태어날까?

첫째인 대한이는 장남답게 동생들을 잘 챙긴다. 둘째 민국이는 순하고 애교가 많고, 막내 만세는 장난기가 많다. 모습만큼이나 성격도 다른 세쌍둥이 형제. 이들은 세 명 이상의 쌍둥이를 뜻하는 '다란성 쌍둥이'다.

다란성 쌍둥이 중 세쌍둥이가 태어나려면 정자 세 개와 난자 세 개가 각각 만나 수정란 세 개를 이뤄야 한다. 이는 이란성 쌍둥이가 태어나는 과정과 비슷하다. 수정란 세 개가 자궁 속 세 개의 태반에서 따로 영양분을 얻기 때문에 서로 다른 특징을 가진 세쌍둥이로 성장한다.

해수욕장 모래, 어떻게 만들어질까?
파도 '철썩' 치면 바위가 모래알로

여름철 많은 사람이 즐겨 찾는 곳, 바다. 바다를 더 아름답게 만드는 것 중 하나가 해변에 펼쳐진 모래사장이다. 이 무수한 모래는 어떻게 만들어진 것일까? 왜 모래의 색이 서로 다를까?

여름방학을 맞아 제주시 우도에 놀러 간 어동이와 나척척 박사의 대화를 통해 알아보자.

현무암 깎이면 검은 모래로

어동이 우와! 우도 모래사장은 눈부신 흰색이에요. 이를 '백사장(白沙場)'이라고 하지요.

나척척 박사 딩동댕! 그동안 어동이가 한자 공부를 열심히 했구나. 그런데 제주도에선 검은색 모래도 볼 수 있다는 사실을 아니?

어동이 엥? 검은색 모래요? 사람들이 서로 다른 색으로 모래를 칠한 건가요?

제주시 우도의 흰 모래사장 동아일보 자료사진

나척척 하하. 그건 모래의 구성성분이 다르기 때문이야. 지금 우리가 보고 있는 백사장은 보통 조개나 소라와 같은 해양생물 껍데기의 부서진 가루가 많이 섞여 흰색을 띤단다.

반면 검은색 모래는 현무암이란 암석이 부서진 것이지. 이곳에서 크고 작은 구멍이 뻥뻥 뚫린 검은색 바위를 본 적 있지? 그게 바로 현무암인데 한라산에서 분출된 용암이 굳어져 만들어졌단다.

어동이 학교운동장에 있는 모래는 누렇던데….

나척척 그건 석영이란 광물을 잘게 부수어 만든 것이지.

어동이 아~, 커다란 바위가 이렇게 자그마한 모래가 되었다는 말씀이세요?

나척척 모래가 처음부터 모래였던 건 아니야. 바다 근처에 있는 바위가 파도와 바람을 맞으며 닳고 닳아 크기가 작아진 것이지. 바위가 자갈이 되고, 자갈이 모래가 된 것이란다. 모래가 더 작아지면 흙이 되는 거야. 이러한 과정을 '풍화'라고 불러.

어동이 우와! 바위가 모래로 변하는 데 얼마나 많은 시간이 걸렸을까요?

나척척 글쎄~. 내 나이보다 더 많을 거야. 어동아. 이제 모래사장을 감상하지만 말고 들어가서 신나게 놀자꾸나.

펄펄 끓는 모래사장

어동이 앗~ 뜨거워! 맨발로 바다에 뛰어들려고 했는데 모래사장이 너무 뜨거워요.

나척척 저런, 그렇게 맨발로 바다를 향해 내달리다가 태양에 한껏 달궈진 모래의 뜨거운 맛을 볼 수 있으니 조심해야 해. 모래는 열용량이 작거든.

어동이 열용량이요?

나척척 어떤 물질 1g의 온도를 1도 올리는 데 필요한 열의 양을 뜻해. 열용량이 작으면 잠깐만 햇볕을 쬐어도 쉽게 달아오른단다. 만약 물의 열용량을 '10'이라고 보면 모래의 열용량은 '2' 정도 수준이야.

어동이 그렇구나. 제 발이 데이긴 했어도 모래사장 덕분에 바다가 더 아름다워요.

석영이 부서져 만들어진 누런 모래 동아일보 자료사진   현무암이 부서져 만들어진 검은 모래 동아일보 자료사진

나척척 슬프게도 우리나라의 모래사장 면적이 점점 줄어들고 있다는 구나.

어동이 왜요?

나척척 사람들이 바다 근처에 도로와 호텔, 방파제(거센 파도를 막기 위해 쌓은 둑)와 같은 인공구조물을 만들기 때문이야. 이들 구조물이 파도를 가로막는 바람에 바닷가에 있는 바위가 모래로 풍화되는 과정이 제대로 이뤄지지 않고 있거든. 그래서 최근에는 모래를 사다가 모래사장을 만드는 해수욕장도 꽤 있다는구나.

어동이 아름다운 자연경관을 오랫동안 즐기려면 이를 해칠 정도의 지나친 개발은 줄여야겠어요.

수영에 숨겨진 과학원리
지방은 '둥둥' 근육은 '퐁당'

여름철에는 더위를 식히기 위해 실내외 수영장을 찾는 사람이 많다. 차가운 물속에서 수영을 하고 나면 잠시나마 더위를 잊는 듯하다.

그런데 사람은 물고기처럼 지느러미도 없는데 어떻게 물속에서 헤엄을 치며 앞으로 나아갈 수 있을까? 또 사람의 몸은 어떻게 물 위에 뜨는 걸까? 수영에 숨은 과학원리에 대해 함께 살펴보자.

밀도 작을수록 물 위에 잘 떠요

같은 크기의 스티로폼과 쇳덩이를 물에 넣어보자. 가벼운 스티로폼은 물 위에 둥실 떠오르지만 무거운 쇳덩이는 물속에 가라앉는다. 쇳덩이는 스티로폼과 크기가 같은데 왜 물 위에 뜨질 못할까? 그 이유는 쇳덩이의 밀도가 스티로폼보다 크기 때문이다.

밀도란 '물질이 모여 있는 정도'를 말한다. 밀도가 작은 스티로폼은 군데군데 구멍이 나 있다. 그만큼 물질이 얼기설기 모인 것이다. 반면 밀도가 큰 쇳덩이는 물질 사이의 틈이 별로 없다. 크기가 같더라도 밀도가 더 큰 물질이 더 무겁다. 물보다 밀도가 큰 쇳덩이는 물속에 가라앉을 수밖에 없다.

그럼 사람의 몸은 물보다 밀도가 클까, 작을까? 대체로 지방의 밀도는 물보다 작고 근육의 밀도는 물과 비슷하거나 물보다 크다. 그래서 근육보다 지방이 많은 사람의 몸통은 물보다 밀도가 작은 반면, 근육이 많은 팔과 다리는 물보다 밀도가 크다. 이것이 몸통이 하체보다 물 위에 잘 뜨는 이유다. 수영할 때 다리로 열심히 물장구를 치는 것도 물속에 잠기는 다리를 물 위로 떠오르게 하기 위해서다.

물이 물체를 밀어내요

사람은 물속에 있을 때 '부력'을 받게 된다. 부력이란 무엇일까. 물속에 어떤 물체를 넣었을 때 그 물체는 물속에서 자신이 차지하는 부피(넓이와 높이를 가진 물건이 공간에서 차지하는 크기)만큼의 물을 아래로 밀어낸다. 물체를 아래로 끌어당기는 힘인 '중력'을 받기 때문이다. 이때 물 역시 반대로 물체를 위로 밀어낸다. 물이 물체를 위로 미는 힘을 부력이라고 한다.

물체의 부피가 클수록 물이 물체를 위로 밀어내는 부력도 커진다. 예를 들어 무게가 같은 찰흙 덩어리와 그릇 모양으로 만든 찰흙 모형을 물

에 넣어보자. 덩어리는 물속에 가라앉지만 그릇 모양의 모형은 물 위에 뜰 것이다. 그릇 모양의 찰흙 모형은 찰흙 덩어리보다 부피가 크기 때문에 더 많은 부력을 받아 물에 뜨는 것이다.

더 멀리 더 빠르게

물속에서 사람은 물살을 가르며 헤엄을 친다. 이때 사람이 앞으로 나아가려는 힘을 '추진력'이라고 한다. 반면 사람이 물속에서 움직일 때 발생하는 물결은 사방으로 소용돌이친다. 이는 사람의 움직임을 방해하는 힘인 '저항력'인 것이다.

수영하는 동안 빠르게 앞으로 나아가려면 추진력이 저항력보다 커야 한다. 저항력을 줄이기 위해선 저항력을 받는 몸의 면적을 줄여야 한다. 수영 방법의 하나인 '크롤 영법'으로 헤엄치면 저항력을 최대한 줄일 수 있다. 크롤 영법이란 엎드린 자세로 팔을 들어 올려 번갈아 휘저으며 발차기를 하는 수영 방법을 말한다.

크롤 영법은 몸을 유선형(두 손과 발은 서로 붙인 채 쭉 내밀고 등은 둥글게 마는 형태)으로 만들어 헤엄쳐야 한다. 그러면 몸 주위로 물이 자연스럽게 흘러 물결이 소용돌이치지 않는다. 또 물속에서 한쪽 팔을 휘젓는 동안 다른 팔과 어깨는 물 밖에 내놓아 물속에서 저항력을 받는 몸의 면적을 줄인다.

다른 동물 속여 새끼 기르는 '얌체' 동물
뱁새는 왜 뻐꾸기 새끼를 키워줄까?

생물 중에는 다른 생물을 속여 큰 힘을 들이지 않고 새끼를 키우는 특이한 생물들이 있다.

대표적인 것이 개미를 속여 힘들이지 않고 애벌레를 기르는 '부전나비'다. 부전나비가 꽃에 알을 낳으면 알에서 깨어난 애벌레는 꽃에서 내려와 개미굴을 찾아간다. 그러면 신기하게도 개미는 부전나비 애벌레를 개미굴로 데려가 열심히 길러준다.

부전나비 애벌레는 어떻게 개미를 속이는 것일까? 최근 이 비밀이 밝혀졌다. 이탈리아의 생물학자들은 최근 온라인 공개학술지를 통해 잔점박이 푸른부전나비 애벌레와 고운점박이 푸른부전나비 애벌레들이 개미 집에서 기생(스스로 생활하지 못하고 다른 생물에게 의지하여 생활함)하기 위해 여왕개미 소리를 흉내 낸다는 사실을 발표했다.

부전나비처럼 다른 생물에게 얹혀살며 새끼를 성장시키는 뻐꾸기와 감돌고기가 가상의 편지를 보내왔다. 이 두 동물은 다른 종의 둥지와 산란

뱁새
동아일보 자료사진

장에 알을 낳아 그 동물들이 자신의 새끼를 키우게 만드는 것으로 유명하다.

뱁새 둥지에 알 낳는 뻐꾸기

나는 뻐꾸기야. 나는 뱁새의 둥지에 알을 낳아. 수컷 뻐꾸기가 망을 보다가 뱁새가 둥지를 비우면 암컷이 재빨리 둥지 속으로 날아들어 알을 낳지. 알을 낳는 데는 10초도 걸리지 않는단다. 뱁새를 완벽하게 속이기 위해 둥지에 원래 있던 알 하나를 물고 나오는 치밀함까지 갖고 있어. 뱁새 둥지에 있는 알의 모양과 색깔이 비슷한 것을 낳아 완벽하게 속이지.

내가 낳은 알이 부화하면 어미 뱁새는 정성을 다해 길러줘. 뻐꾸기는 다 자란 상태에서 뱁새보다 몸집이 두 배 이상 커지는데 뻐꾸기는 먹이를 더 얻어먹기 위해 더 크게 울며 어미 새를 재촉하고 이미 둥지에 있는 뱁새새끼들을 밖으로 밀어내지.

우리가 왜 이런 얌체 같은 행동을 하느냐고? 나는 한국에 5월 초순에 찾아와 8월 초가 되면 다시 남쪽지방으로 날아가. 머무는 기간이 3개월밖에 되지 않기 때문에 둥지를 만든 다음 알을 낳아 새끼를 기를 충분한 시간이 없어.

또 나는 매우 먼 거리를 이동해야 해서 많은 에너지를 사용해 둥지를

뱁새가 뻐꾸기 새끼에게 먹이를 주고 있다. 동아일보 자료사진

만들고 새끼를 기를 만한 힘이 없어. 우리가 밉상이긴 하지만 나름의 이유가 있으니 이해해줘. 헴헴!

꺽지 산란장에 알 낳는 감돌고기

나는 우리나라 깨끗한 하천에서만 서식하는 토종민물고기 '감돌고기'야. 나는 '꺽지'라는 민물고기가 만든 산란장에 알을 낳아 번식을 하지.

수컷 꺽지는 짝짓기를 하기 전, 돌 표면을 깨끗이 청소한 후 암컷을 유인해 노란 알을 낳고 정자를 뿌려. 이렇게 꺽지의 수정이 끝난 뒤 나는 친

꺽지 동아일보 자료사진

구들 30~40마리와 함께 꺽지의 산란장을 침범해. 꺽지는 산란장을 보호하기 위해 열심히 우리들을 내쫓지만 수에서 밀리고 말지.

이렇게 꺽지의 정신을 쏙 빼놓고 나서 암컷 감돌고기가 산란장에서 알을 낳고, 수컷 감돌고기가 알 위에 정자를 뿌리지. 그러고는 알을 두고 떠나버린단다.

남겨진 꺽지 수컷은 지느러미로 자신의 알과 감돌고기의 알에 산소를 공급해 주고, 알에 접근하는 천적들을 물리치기도 해. 꺽지의 알이 부화하는 데는 14일, 감돌고기의 알이 부화하는 데는 약 10일 정도가 걸려. 먼저 부화한 감돌고기 새끼들은 꺽지의 알이 부화하기 전 산란장을 빠져나간단다.

감돌고기 동아일보 자료사진

우리가 왜 이런 얌체 같은 짓을 하느냐고? 일반적으로 물고기들은 자신들이 낳은 알을 돌보지 않아. 많은 알을 낳기 때문에 일부가 천적들에게 잡아먹혀도 남은 알들이 부화해 적정 마리수를 유지할 수 있기 때문이야.

우리는 부화율을 높이기 위해 꺽지가 만든 산란장에 알을 낳는 방법을 선택하게 됐어. 얌체 같아 보이지만 어떻게 해서든 종족을 보존시키기 위한 치열한 전략인 셈이야.

생태계 교란하는 외래동식물
토종 씨 말리는 가시박·붉은귀거북

　호주 제임스쿡대학의 조너선 콜비 교수 등 과학자 11명은 국제 학술지 네이처에 아프리카 남동쪽에 있는 섬나라인 마다가스카르의 가장 큰 항구인 토아마시나 근처에서 '아시아 독두꺼비'가 처음으로 발견됐다고 발표했다(2014년 3월). 이 두꺼비는 원산지인 동남아시아에서 화물선을 통해 마다가스카르까지 도달한 것으로 추정됐다.

　과학자들은 마다가스카르 고유종인 여우원숭이, 뱀, 새 등이 몸에서 독을 뿜어내는 독두꺼비를 먹고 멸종 위기에 처할 수도 있다고 우려하고 있다.

　이처럼 그 지역에 유입된 외래종(외국이나 국내의 다른 지역에서 들어온 모든 종)들은 생태계를 교란시키고 고유종들을 멸종 위기에 빠뜨리는 경우가 적지 않다. 그래서 환경부는 외래종이 국내에 유입돼 자연생태계에 부정적인 영향을 줄 가능성이 있는 생물종을 생태계교란야생동·식물(야생동·식물보호법 제2조제4호)로 지정하여 관리하고 있다.

환경부에서 지정한 대표적인 생태계교란 야생동·식물들을 알아보고 생태계에 어떤 영향을 미치는지 살펴보자.

가시박 토종 식물 햇볕 못 쬐게 막아

북아메리카가 원산지인 '가시박'은 박과의 1년생 식물이다. 국립환경과학원에서 실시한 표본조사 결과, 낙동강 하천에서 가시박이 지표면을 덮는 비율은 최고 78% 이상이었다. 1990년 수입되었다가 생명력이 강하고 번식력이 좋아 전국적으로 확산돼 2009년 '생태계교란 야생식물'로 지정됐다.

밭 바로 옆의 수풀을 완전히 뒤덮은 가시박 동아일보 자료사진

가시박은 일단 발아(씨앗에서 싹이 틈)하면 빠른 속도로 세력을 넓힌다. 3~4개로 갈라진 덩굴손을 이용, 나무를 타고 올라가 다른 식물의 잎과 가지, 표면을 덮어 햇볕을 못 받아 자라지 못하게 한다. 또 성장을 못하게 하는 화학물질을 내뿜어 다른 식물들을 죽게 만든다.

가시박의 번식력이 엄청난 것은 씨앗 때문이다. 포기당 많게는 2만 개의 씨가 나오기도 한다. 생존력도 뛰어나다. 싹트는 조건이 될 때까지 60년 정도를 기다렸다가 발아하기도 한다.

붉은귀거북 애완용 거북이가 포식자로

남아메리카와 북아메리카 미시시피강 유역이 원산지인 '붉은귀거북'은 1980년 애완용으로 우리나라에 들어왔다. 사람들이 기르던 붉은귀거북을 야생에 놓아주면서 전국의 저수지, 하천으로 퍼져나가 붕어, 미꾸라지 등의 어류와 물에 사는 곤충 및 양서류를 잡아먹는 포식자가 됐다. 2001년 '생태계교란야생동물'로 지정됐다.

붉은귀거북은 생명력이 강해 깨끗하지 않은 물에서도 잘 자란다. 최대 30cm까지 자라며 자신 몸길이의 3분의 2쯤 되는 물고기 5~6마리를 하루에 먹어 치운다. 원산지에서는 맹금류 같은 천적이 존재해 개체수가 조절됐지만, 우리나라에서는 아직 천적이 나타나지 않은 것으로 알려져 있다.

붉은귀거북 동아일보 자료사진

큰입배스 토종어류 닥치는 대로 잡아먹어

북아메리카가 원산지인 큰입배스는 몸길이가 최대 60cm까지 자란다. 등 쪽은 진한 청색, 배 쪽은 노란색이며 옆면 중앙에 청갈색의 긴 줄무늬가 있다. '큰입배스'라는 이름은 큰 입 때문에 얻었다. 생태계에서 최상층에 자리 잡으며 물에 사는 곤충, 새우, 작은 물고기 등을 닥치는 대로 잡아먹는다. 1998년 '생태계교란 야생동물'로 지정됐다.

짧은 시간 동안 크게 자라다 보니 우리나라가 가난했던 1973년 식용으로 쓰기 위해 미국에서 500마리를 들여와 양식을 시작했다가 이제 전국의 곳곳의 저수지나 하천에서 볼 수 있다. 토종어류에 비해 번식력이 매우 뛰어나다. 5~9월에 26만 개 정도의 알을 낳는다.

큰입배스 동아일보 자료사진

인간, 호모에렉투스 때부터 던지는 행동

공 던지기, 캥거루 점프…
탄성 에너지 덕분!

투수가 공을 던지는 모습을 떠올려 보자. 야구공을 든 팔에 힘을 주어 원하는 방향으로 공을 힘껏 던진다. 이처럼 인간이 무언가를 던지는 행동은 언제부터 시작됐을까? 다른 동물들도 인간만큼 빠르게 공을 던질 수 있을까?

약 160만~25만 년 전, 전 세계에 분포했던 인류의 조상 호모에렉투스가 처음으로 정확하고 힘 있게 던지기를 시작했다고 미국 조지워싱턴대 닐 로치 교수팀이 과학전문지 네이처에 발표했다(2013년). 연구진은 호모에렉투스가 돌, 나무, 창 등 무언가를 던지는 행동이 사냥에 큰 도움이 되었을 것이라고 주장했다.

공 던지는 사람 어깨에 에너지가 모여요

연구진에 따르면 사람은 물체가 빠른 속도로 날아가도록 던질 수 있는 유일한 동물이라고 한다. 사람이 던지는 공은 최고 속도가 시속 150㎞를

넘기도 한다.

　연구진은 인간이 무언가를 던지는 행동이 언제부터, 왜 생겨났는지 밝히기 위해 대학 야구선수들을 대상으로 실험을 해보았다. 야구선수들에게 호모에렉투스처럼 움직이도록 하는 보조기구를 입게 한 후 공을 던지도록 한 것. 연구진은 이 모습을 3차원 입체영상으로 촬영해 분석했다.

　분석 결과 사람의 어깨는 물체를 던질 때 마치 새총처럼 에너지를 모았다가 뿜어내는 것으로 나타났다. 새총의 고무줄을 잡아당겨 '탄성(외부 힘에 의해 모양이 변한 물체가 외부 힘이 사라지면 원래 상태로 돌아가려는 성질) 에너지'를 모으듯이 물체를 던지는 팔을 뒤로 젖혔을 때 어깨의 힘줄, 인대, 근육이 늘어나면서 탄성 에너지를 모으는 것이다. 즉, 어깨의 힘줄, 인대, 근육이 새총의 고무줄과 같은 역할을 한다는 뜻이다. 어깨에 모인 탄성 에너지는 팔이 앞으로 되돌아오면서 물체에 전달된다. 이에 물체는 이 에너지로 인해 속도가 붙어 날아가게 된다.

캥거루, 탄성에너지 덕에 힘들지 않아요

연구진에 따르면 인간의 던지는 능력은 탁월하다. 로치 박사는 인간과

두 발을 스프링처럼 통기며 뛰어다니는 캥거루

가장 유사한 동물인 침팬지는 체력이 강하고 운동능력도 뛰어나지만, 던지는 힘은 최대 시속 30㎞로 초등 5학년 투수가 던지는 공의 속도 3분의 1 수준이라고 말했다.

이렇게 인간의 던지는 능력이 침팬지에 비해 특별히 탁월한 이유는 팔과 어깨 근육이 발달해 침팬지보다 더 많은 탄성에너지를 어깨에 저장할 수 있기 때문이다.

한편, 이 연구결과에 앞서 미국 스토니브룩대 해부학 교수 수잔 라슨은 다리에 모아지는 탄성 에너지에 주목한 적이 있다. 라슨 교수가 사례로 든 것은 새끼를 자기 배주머니에 넣고 두 발을 스프링처럼 퉁기며 뛰어다니는 캥거루다. 다 자란 캥거루는 두 개의 뒷발로만 뛰어다니는데, 캥거루는 평지에서 2~6m 정도로 높은 울타리도 거뜬히 뛰어넘는다.

그는 캥거루가 배주머니에 새끼를 넣고 처음 점프할 때는 에너지를 많이 쓰지만 나중에는 다리에 탄성 에너지가 모여서 계속 점프하는 데 어렵지 않게 된다고 설명했다.

3D프린터 특허 끝나
자동차 부품·우주정거장 장비도 뚝딱뚝딱

2014년 2월부터 미국의 3D시스템스가 갖고 있던 3차원(3D)프린터의 핵심기술의 특허가 만료되었다.

3D프린터란, 종이 위에 잉크로 글자를 찍어내는 것처럼 물건을 입체로 찍어내는 실물 복제기이다. 3D프린터의 핵심 기술인 '선택적 레이저 소결(가루를 어떤 형상으로 압축한 것을 높은 온도로 가열하였을 때, 가루가 녹으면서 서로 밀착하여 딱딱하게 굳음) 기술'은 가루 형태의 원료에 레이저로 열을 가해 결합, 응고(고체상태로 변화함)시키면서 한 층씩 쌓아나가는 것으로 이 기술을 이용하면 플라스틱은 물론 금속도 인쇄할 수 있다.

이 프린터의 가격은 1대당 1억~5억 원. 가격이 비싼 탓에 그동안 높은 가격의 의료제품을 맞춤으로 제작하는 데 사용되어 왔다. 하지만 앞으로 3D프린터의 핵심 기술 특허가 만료되면 수많은 회사가 이 기술을 활용해 3D프린터를 만들어내 가격이 수천만 원으로 내릴 것으로 전망된다.

3D프린터가 활용되면 산업계에서 어떤 점이 달라지는지 살펴보자.

필요한 부분만 쏙쏙 골라 척척

3D프린터를 사용하면 재료의 사용량을 줄일 수 있어 자동차나 항공 산업에 특히 유용하다. 현재 자동차나 항공기에 쓰이는 부품은 대부분 금속덩어리를 깎아서 만들어내는 것인데 반해, 이 프린터는 정확하게 원하는 부분에만 원료를 뿌려서 필요한 부분만 찍어낼 수 있다. 즉, 3D프린터를 이용하면 재료비가 줄어들어 제품의 가격이 낮아지고, 가격경쟁력이 생길 뿐 아니라 속이 비어 있거나 그물 형태 등 복잡한 모양도 쉽게 인쇄할 수 있다.

이러한 기술은 자동차나 항공기에 쓰이는 부품을 만드는 데 큰 도움이 된다. 자동차나 항공기에 쓰는 부품이나 강판을 특수한 패턴으로 찍어내면 강도를 높이면서도 무게는 줄일 수 있다. 무게와 연비(자동차가 단위 주행 거리 또는 단위시간당 소비하는 연료의 양)를 줄여야 하는 자동차나 항공산업에서 특히 중요한 경쟁력이 될 수 있다.

지구 – 우주 간 수송비 절약

3D프린터는 우주공간에서도 적극 활용될 예정이다. 이를 활용하면 지구와 우주를 오가는 수송비를 대폭 절약할 수 있다. 국제우주정거장(ISS)에 3D프린터가 있다면 우주에서 필요한 부품을 즉석에서 만들어 수리, 교체할 수 있기 때문이다. 지금까지는 ISS에서 수리나 교체가 필요한 장비가 있으면 지구에서 보내야 했기 때문에 수송비가 수십 억 원 이상 들었다.

하지만 ISS에서 3D프린터를 사용하기 위해서는 3D프린터가 무중력상태인 공간에서도 원료를 쌓아올릴 수 있어야 한다는 문제가 남아 있다.

이에 최근 미국항공우주국(NASA)은 ISS로 보낼 3D프린터를 무중력 공간이라는 우주의 특수환경에 맞춰 별도로 제작해 시험하고 있다.

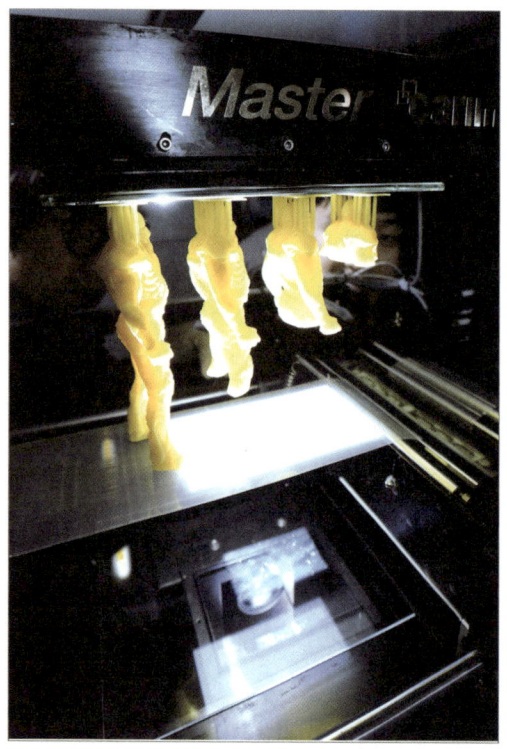

3D프린터가 물건을 입체로 찍어내는 모습 동아일보 자료사진

인터페이스 기술, 어떻게 발전했을까?
생각만으로 상대방을 움직이게 하라!

사례1 공항에 착륙하던 비행기의 꼬리 부분이 땅에 충돌하는 사고가 일어났다. 아수라장 같은 비행기 사고 현장. 비행기 안에는 단 한 명의 의료진도 없다. 비행기는 오로지 통신만 가능한 상황이다.
비교적 심하게 다치지 않은 승무원이 비행기에 비치된 뇌 자극 장치를 머리에 쓴다. 승무원은 이내 서툴지만 정확한 손놀림으로 응급환자를 조치한다. 멀리 떨어진 응급 의료진이 환자의 상태를 보고 머릿속에서 생각하는 대로 승무원이 행동하는 것이다.

사례2 큰 교통사고로 인해 몸 전체를 움직일 수 없고 말까지 못하게 된 A씨. 뇌 자극 장치를 머리에 쓴 A씨는 '물을 마시고 싶다' '책을 읽고 싶다' 등 자신이 생각하는 대로 간호하는 사람을 움직여 자신이 원하는 것을 얻는다.

공상과학영화의 한 장면 같은 위의 내용은 서로 다른 사람의 두뇌를 연결하는 인터페이스(서로 다른 두 시스템을 이어주는 장치) 기술이 발달할 경우, 앞으로 실제 일어날 것으로 보이는 상황이다. 최근에는 한 사람의 뇌파(뇌 활동에 따라 일어나는 전류)를 이용해 다른 사람의 몸을 움직이게 하는 실험이 세계 최초로 성공하기도 했다. 미국 워싱턴대 연구진은 한 사람의 생각을 인터넷을 통해 다른 곳에 있는 사람의 뇌에 전달해 그의 손가락을 움직이게 하는 실험에 성공했다.

인터페이스 기술은 그동안 어떻게 발전해 왔을까? 미래에는 어떻게 활용될 수 있을까?

원숭이 – 로봇, 인간 – 생쥐… 인터페이스의 진화

컴퓨터와 인간의 뇌를 직접 잇는 통신을 시도하기 이전에는 영장류를 이용해 인터페이스 실험을 했다. 2000년 미국 노스캐롤라이나 주 듀크대 신경생물학자 미구엘 니콜렐리스 교수 연구진은 레서스원숭이의 뇌에 전극 물질을 넣어 로봇 팔을 움직이는 데 성공했다. 이는 컴퓨터와 동물 사이의 인터페이스 실험이 성공한 첫 사례로 꼽힌다.

2013년 4월에는 사람과 생쥐 간 인터페이스 실험이 성공했다. 미국 하버드대 영상의학과 유승식 교수와 김형민 박사, 고려대 기계공학부 박신석 교수 연구팀이 인간의 뇌파를 초음파로 바꿔 쥐의 뇌에 전달함으로써 쥐꼬리를 움직이게 한 것이다.

연구팀은 사람의 머리에 전기 센서가 붙어 있는 두건을 씌워 뇌파를 포착했다. 컴퓨터는 이 신호를 분석해 초음파 신호로 바꾸었고 쥐의 뇌 운동중추에 이 초음파 신호를 보내자 쥐의 꼬리가 움직였다. 영화 '아바타'의 한 장면처럼 사람의 생각이 쥐의 뇌로 전달돼 동작을 행하게 한 것

이다. 하지만 이 실험은 '꼬리를 움직인다'는 생각 자체가 쥐의 뇌에 전달되지는 못했다는 한계를 지니고 있다.

실험·의료 넘어 교육·오락 분야에도

지금껏 인터페이스 기술은 실험 혹은 환자의 상태를 알아보기 위해 의료분야에서 활용됐다. 특정 질병이 발생할 때 나타나는 뇌파가 환자의 뇌파에서 발생되는지 비교하면서 질병이 있는지 확인하는 것이다.

최근에는 비교적 저렴한 뇌파 측정 장치가 나오면서 교육, 오락 분야에서도 인터페이스 기술이 적극 활용되고 있다. 생각으로 뇌파를 조절해 화면 속 물체를 움직이면 집중력, 감정조절력 등을 향상시킬 수 있다. 특히 노인들이 건강한 삶을 유지할 수 있도록 인터페이스 기술을 적용시켜 지각능력과 학습능력, 운동능력 등을 훈련할 수 있는 게임이 현재 개발 중이다.

인류의 식량 자원으로 떠오르는 곤충
곤충으로 만든 햄버거·소시지 '냠냠'

한국토양동물학회 정철의 운영위원장(안동대 식물의학과 교수)은 환경부 국립생물자원관과 한국토양동물학회 공동 심포지엄에서 '곤충 식품산업화 현황과 전망'이란 보고서를 냈다(2013년). 이 보고서에서 곤충은 단백질 함량이 높고, 생태·환경·영양학적으로 지속 가능한 인류의 식량이 될 수 있다고 주장했다.

세계인구의 증가로 인해 식량 위기가 올 것이라는 불안감이 높아지면서 새로운 식량 자원으로 떠오르고 있는 것이 바로 '곤충'이다. 유엔식량농업기구(FAO)는 2013년 5월 200쪽 분량의 보고서를 통해 곤충과 벌레가 식량 자원이 된다면 기아문제를 해결하고 환경을 보호할 수 있다고 제시했다.

귀뚜라미 타코 파는 '곤충 식당' 등장

현재 전 세계 80%가량의 지역에서 약 20억 명이 이미 곤충을 먹고 있

다. 식량으로 쓰이는 곤충은 무려 1900여 종에 이른다. 인기 있는 곤충은 딱정벌레, 나비·나방의 애벌레, 벌, 개미, 메뚜기, 귀뚜라미, 매미, 잠자리 등이다.

뉴욕 맨해튼 소호거리 유명 음식점 사이에 귀뚜라미가 들어간 타코, 퀘사디아 메뉴를 제공하는 '곤충 식당'이 등장해 화제가 된 적이 있다. 담백한 맛에다 미용과 다이어트에 좋다는 소문을 타고 찾는 손님이 많다는 것이다. 중국·동남아·아프리카 등에서는 전갈이나 귀뚜라미 튀김, 곤충 초밥 등을 즐겨먹는다. 우리나라 사람들도 과거 먹을 것이 귀했던 시절에는 메뚜기나 누에 번데기를 즐겨 먹었다.

식용으로 쓰이는 여러 종류의 곤충들

단백질과 섬유질이 풍부한 곤충

　곤충이 식량자원으로 쓰이면 어떤 장점이 있을까? 우선 경제적이라는 점이다. FAO에 따르면 소에게 풀을 100㎏ 먹이면 쇠고기를 6.5㎏ 정도 얻지만, 곤충은 같은 양의 먹이로 54㎏ 정도를 생산할 수 있다. 또 소의 경우에는 출산(出産·새끼를 낳음)에 9개월, 성장에 2년이라는 긴 시간이 필요하지만 곤충은 한 달이면 식용으로 쓰기 충분할 정도로 자란다.

　곤충은 단백질과 섬유질이 풍부해 영양학적으로도 우수하다. 딱정벌레, 개미, 귀뚜라미, 메뚜기 같은 곤충의 단백질 함유량은 육류 및 생선과 거의 차이가 없다. 귀뚜라미의 경우에는 일반 가축보다 단백질이 12배가량이나 많은 것으로 알려져 있다. 또한 곤충에는 구리, 철, 마그네슘, 망간, 인, 섬유질이 풍부해 약으로도 사용될 수 있다.

게다가 소, 돼지 등 가축과 비교했을 때 곤충은 물 사용량과 이산화탄소 배출량이 훨씬 적어 생산 과정도 친환경적이라고 평가받는다.

곤충에 대한 혐오감이 최대 걸림돌

한편 식량 자원으로써 곤충이 적극적으로 활용되기 위해서는 해결해야 할 점이 남아 있다. 먼저 곤충의 크기가 워낙 작다 보니 영양소를 충분히 섭취하려면 한꺼번에 많은 양을 먹어야 하는데 단순 채집으로는 필요한 양을 공급하는 게 쉽지 않다는 것이다. 또 곤충의 날개, 다리 등 먹기 곤란한 부분을 일일이 제거하는 것도 귀찮은 일이다.

하지만 무엇보다 가장 걸림돌이 되는 것은 사람들이 곤충에 대해 갖고 있는 혐오감이다. 식량 자원으로써 곤충의 장점은 많지만, 곤충을 먹어 보지 않은 사람이 먹기에는 무척 거북하다. FAO는 특히 서양 사람들의 식용 곤충에 대한 혐오감이 곤충을 주요 단백질 식량원으로 받아들이는 데 최대 걸림돌로 작용하고 있다고 지적했다.

이러한 문제점을 극복하기 위해 해외에서는 관련 연구가 활발하게 진행 중이다. 네덜란드 정부는 2010년 와게닝겐대의 곤충 식품화 연구에 100만 유로(우리 돈 약 14억 원)를 지원했다. 연구 책임자인 마셀 디키 교수는 자연 상태의 애벌레나 곤충을 그대로 먹지는 않겠지만 곤충으로 만든 햄버거나 소시지라면 얼마든지 우리 식탁을 차지할 수 있을 것이라면서 2020년에는 슈퍼마켓에서 벌레를 사게 될 것이라고 전망했다.

태풍 이름 속 숨겨진 비밀은?
나리·개미·너구리…
우리말로 된 이름이었네!

2013년 제24호 태풍 '다나스'가 부산 동쪽 바다를 지나 동해상으로 빠져나간 데 이어 25호 태풍 '나리' 또한 우리나라에 큰 영향을 미치지 않고 사라졌다. 한편 필리핀, 마닐라에서 동쪽으로 약 890㎞ 떨어진 해상에서 발생한 태풍 나리는 필리핀 북부를 강타해서 큰 인명피해를 입혔다. 나리로 인해 최소 13명이 숨졌으며 태풍이 상륙한 오로라 주에서는 대규모 정전으로 인해 불편을 겪었다. 필리핀 당국은 태풍 나리의 최대풍속이 시속(1시간 동안 가는 거리) 150㎞에 달했다고 전했다. 또 인근 5개 주에서도 돌풍에 지붕이 날아가고 도로가 끊기는 등 피해가 이어졌다.

이런 무시무시한 위력에 비해 태풍에 붙여진 이름은 가볍게 느껴지는 편이다. '다나스'는 필리핀어로 '경험'을 뜻하며, '나리'는 우리나라 말로 백합과의 여러해살이풀을 뜻한다.

왜 강력하고 무시무시한 태풍에 이런 이름을 붙였을까? 태풍의 이름에는 어떤 뜻을 담고 있고, 언제부터 이름을 짓기 시작했는지 살펴보자.

정치가, 여성의 이름 딴 태풍 이름

해수면의 온도가 27도 이상인 열대 해역에서 발생하는 태풍은 보통 1주일에서 10일 정도의 수명을 갖고 강한 비바람을 동반한다. 태풍은 한 지역에서 동시에 여러 개가 발생할 수 있기 때문에 태풍 예보로 사람들이 혼동을 겪지 않도록 태풍의 이름을 각각 붙인다.

태풍에 이름을 처음 붙이기 시작한 것은 1953년이다. 당시 태풍에 이름을 붙인 사람은 호주의 예보관들로 알려져 있다. 호주 예보관들은 태풍을 사람들에게 피해를 입히는 부정적인 것으로 간주해 자신들이 싫어하는 정치가의 이름을 붙였다.

예를 들어 싫어하는 정치가의 이름이 앤더슨이라면 '현재 앤더슨이 태평양 해상에서 헤매고 있는 중입니다' 혹은 '앤더슨이 엄청난 재난을 일으킬 가능성이 있습니다'라고 태풍 예보를 했던 것.

1940년대 중반 이후부터는 미국 공군과 해군에서 공식적으로 태풍에 이름을 붙이기 시작했다. 이때 사람들은 주로 자신의 아내나 애인의 이름을 사용했는데, 이는 사람들에게 피해를 끼치지 말고 온순하게 지나가라는 의미였다. 이러한 전통에 따라 1978년까지 태풍의 이름에는 여성 이름이 많았지만 성차별 논란이 일어나면서 남자와 여자의 이름을 번갈아 사용하게 됐다.

나라별로 태풍 이름 10개씩 제출

2000년부터 아시아태풍위원회는 아시아 지역 각국 국민들의 태풍에 대한 관심을 높이고 경계를 강화하기 위해 캄보디아, 중국, 홍콩, 일본, 라오스, 말레이시아, 필리핀, 태국, 베트남, 캄보디아 등 아시아 지역 14개국의 고유한 이름을 사용하기 시작했다.

14개국으로부터 각 국가별로 10개씩 제출한 이름 총 140개에 순서를 붙여 순차적으로 사용했다. 140개의 태풍 이름을 전부 사용하는 데에는 약 4, 5년이 걸리며 다 사용한 뒤에는 다시 1번부터 시작된다.

특히 태풍이 큰 피해를 끼친 경우에는 해당 태풍의 이름을 없애고, 다른 이름으로 바꾸는 일도 있다. 2003년 9월 한반도에 막대한 피해를 입힌 '매미'의 경우에는 이후 그 이름이 '무지개'로 바뀌었다.

강력한 열대성 태풍 이사벨의 위성사진 ▶

우리말로 된 태풍 이름은 남한과 북한을 합쳐 총 20개다. 우리나라가 제안해 선정된 태풍 이름은 개미, 제비, 나리, 너구리, 장미, 고니, 수달, 메기, 노루, 나비 등 10개, 북한이 제안한 이름은 기러기, 소나무, 도라지, 버들, 갈매기, 봉선화, 매미, 민들레, 메아리, 날개 등 10개다.

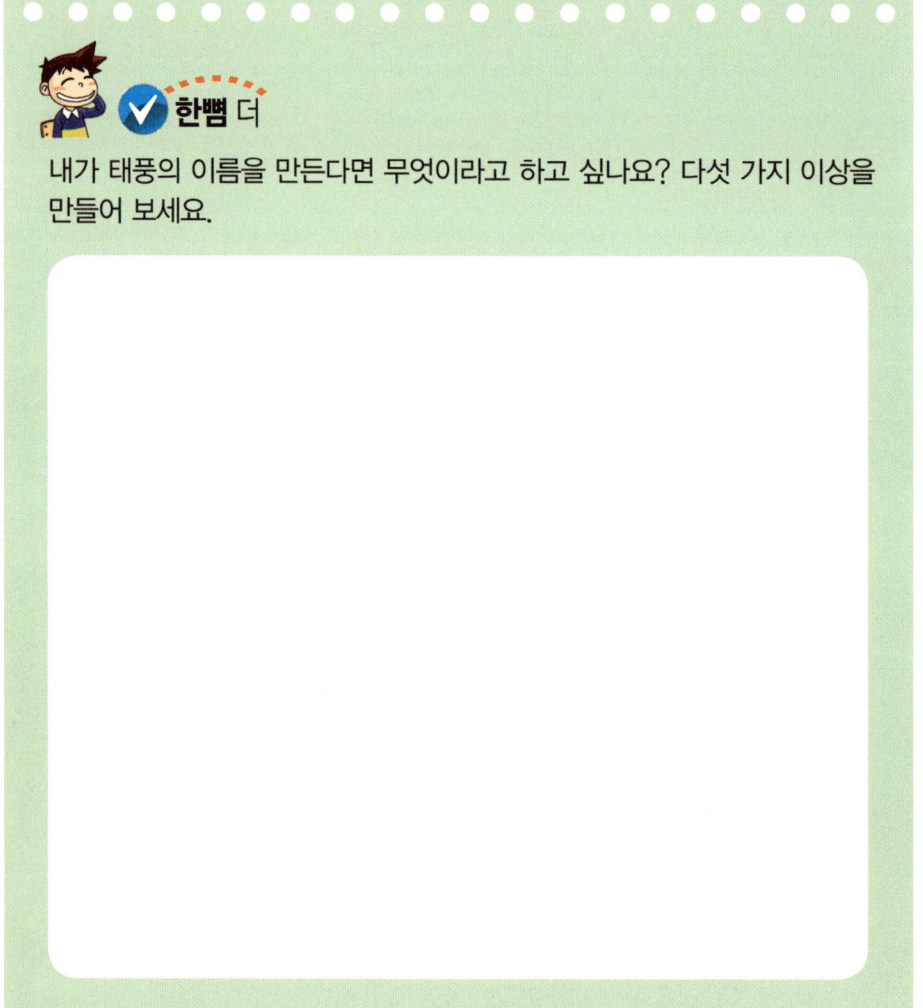

내가 태풍의 이름을 만든다면 무엇이라고 하고 싶나요? 다섯 가지 이상을 만들어 보세요.

산타와 관련된 수학·과학 이야기

지구 모든 어린이 선물 포장하는 데 걸리는 시간은?

영국의 과학자들과 경제경영연구센터의 경제학자들로 구성된 연구팀 '빅뱅'이 '산타와 관련된 과학'을 소개했다.

크리스마스를 맞은 어린이들이 수학, 과학에 재미를 느끼고, 그 중요성을 깨닫게 하고 싶었기 때문이다. 산타 할아버지의 설명을 통해 이들의 연구내용을 살펴보자.

요정 3000명이 1년 내내 준비한 선물

내가 이날을 얼마나 기다렸는지 몰라요. 허허! 선물을 받고 기뻐할 어린이들의 얼굴을 떠올리니 무척 행복해지는군요. 그런데 크리스마스 선물에는 요정들의 엄청난 노력이 담겨 있다는 사실, 알고 있나요?

공식 인구통계에 따르면 올해 전 세계적으로 산타를 기다리는 어린이는 약 16억 명. 어린이 한 명당 선물을 2개씩 주려면 요정들은 총 32억 개의 선물을 포장해야 해요. 요정 한 명이 선물 하나를 포장하는 데 10초가

걸린다고 가정했을 때, 모든 선물을 포장하는 데 걸리는 시간을 식으로 나타내면 아래와 같지요.

> 32억(개)×10(초)=320억(초)

'1분=60초', '1시간=60분'이므로 320억 초는 약 8888889시간. 이는 요정 3000여 명이 1년 내내 매일 8시간씩 일해야 하는 것과 맞먹는 수준이랍니다. 크리스마스 단 하루를 위해 1년 내내 요정들이 일해야 한다니 대단하지요? 허허!

이뿐만이 아니에요. 선물 포장에 들어가는 비용도 어마어마합니다. 선물 한 개에 평균 80㎝ 길이의 포장지를 사용한다면 포장지의 총 길이는 얼마일까요?

> 80(cm)×16억(명)×2(1인당 2개) = 2560억(cm)
> = 25억 60(m) = 256만(km)

'1m=100cm', '1km=1000m'이므로 무려 256만km가 되지요. 이는 지구와 달의 거리(평균 38만km)를 여섯 번도 넘게 왔다 갔다 할 수 있는 길이랍니다.

1초에 5556가구 방문

요정들이 선물 포장을 마치면 이제 나는 선물 배달을 할 준비를 해야겠지요?

내가 어린이들에게 선물을 나눠줄 수 있는 시간은 크리스마스이브인 12월 24일 0시부터 어린이들이 크리스마스 당일 잠을 깨기 전인 25일 오전 8시까지 총 32시간.

한 가구에 어린이 2.5명이 산다고 했을 때, 나는 약 6억 4000만 가구에 들러야 해요. 즉, 32시간 동안 6억 4000만 가구에 들러야 한단 말이지요. 그렇다면 1초 안에 들러야 하는 가구 수는 몇 일까요?

> 6억4000만(가구)÷115200초(32시간) =약 5556(가구)

정답은 약 5556가구. 모든 어린이에게 빠짐없이 선물을 전하려면 나는 1초당 약 5556가구의 집을 방문해야 해요. 180마이크로초(100만분의 180

초) 안에 한 가구에 들러야 하는 것. 통통한 몸으로 내가 얼마나 날쌔게 돌아다녀야 하는지 상상이 가나요?

가끔 나를 발견한 친구들은 우유나 파이를 대접하곤 해요. 성의는 고맙지만 내가 선물을 배달하는 모든 집에서 우유와 파이를 얻어먹으면 단 하룻밤에 총 1500억㎈(칼로리)를 섭취하게 될 거예요. 이 칼로리를 빼기 위해선 지구 둘레의 5만4000배인 21억㎞를 걸어야 하니 나를 봐도 못 본 척 해주길 바랄게요.

1년에 2만5000km 이동하는 겨울철새 이야기

철새들이 V자 모양으로 나는 이유는?

철 따라서 여러 마리의 새가 한 치의 흐트러짐도 없이 'V'자 모양을 하고 나란히 날아가는 모습을 볼 때가 있다. 이렇게 계절에 따라 따뜻한 곳을 찾아 멀리 이동하는 새들을 '철새'라고 한다. 반대로 우리나라를 떠나지 않고 특정지역에서 계속 사는 까치, 까마귀, 꿩, 수리부엉이 같은 새를 '텃새'라고 한다. 'V'자 모양으로 하늘을 날아가는 철새를 보던 어동이가 나척척 박사에게 물었다.

V자로 날면 에너지 아낄 수 있어

어동이 박사님, 저 철새들은 왜 저렇게 'V'자로 나는 걸까요? 모양이 흐트러지지 않고 날아가는 게 너무 신기해요.

나척척 에너지를 아끼기 위해서야. 최근 영국 연구진이 철새에게 위성위치확인시스템(GPS) 송신기를 달고 날갯짓과 기류를 분석한 결과 맨 앞 대장 철새가 날갯짓하는 순간 공기가 소용돌이치며 몸통 바로 뒤엔 하강

겨울철새인 흑두루미들이 'V'자 모양으로 날아가고 있다. 동아일보 자료사진

기류(위쪽에서 아래로 부는 바람), 날개 양 끝단에는 상승기류(아래에서 위쪽으로 부는 바람)가 일어난다는 사실을 밝혀냈단다.

상승기류가 일어나는 쪽에 있는 새는 힘들지 않게 날 수 있겠지? 그러다보니 뒤따르는 새들은 하강기류가 일어나는 대장철새의 몸통 바로 뒤가 아닌 상승기류가 일어나는 날개 끝단의 뒤 쪽에서 날아가는 것이지. 이렇게 V자 대형을 이뤄 날면 심장 박동과 날갯짓 횟수가 11~14% 줄어든다는구나.

어동이 그렇군요. 철새들은 얼마나 먼 거리를 이동하나요?

나척척 철새는 1년에 최대 2만 5000km를 이동한단다. 이것은 지구 둘레의 60%가 넘는 어마어마한 거리이지.

어동이 정말 굉장하네요! 철새는 왜 이렇게 힘들고 긴 여행을 하나요?

나척척 먹잇감을 찾기 위해서야. 우리나라에 찾아오는 겨울철새의 경우, 시베리아에 무시무시한 겨울이 찾아오면 너무 추워서 먹이를 찾을 수가 없거든. 시베리아에 봄이 오는 3, 4월이면 철새들은 다시 시베리아로 먼 여행을 떠난단다.

겨울철새로 우리나라를 찾은 원앙이 차가운 물에 몸을 담그고 있다. 원앙은 겨울철새와 텃새 두 종류가 있다. 동아일보 자료사진

별자리·태양·자기장으로 위치 파악

어동이 우리나라보다 더 따뜻한 남쪽나라도 있는데, 왜 하필 우리나라에 오는 걸까요?

나척척 철새는 인간보다 3~4도 체온이 높아. 때문에 서늘한 기후에 익숙한 겨울철새들에게는 우리나라 겨울이 살기에 딱 알맞은 온도라고 해.

어동이 아, 그렇군요! 그런데 철새들은 자신들이 갈 곳을 어떻게 정확하게 찾아갈 수 있는 걸까요?

나척척 아직까지 그 이유는 정확하게 밝혀지지 않았지만 과학자들은 연구를 통해 몇 가지 추측을 하고 있단다.

첫 번째는 별자리야. 늘 같은 자리에 있는 북극성과 같이 옛날부터 여행할 때 방향을 잡아주던 별을 보고 이동하는 것이지. 두 번째는 태양이야. 태양이 떠오를 때와 질 때 태양의 위치나 고도를 나침반으로 삼는 것이지. 세 번째는 지형이야. 강이나 산, 해안선, 고층건물이나 길 등을 살펴보면서 길을 찾아가는 것이지. 네 번째는 자기장이야. 남극 부근에는 자석의 N극이, 북극 부근에는 S극이 위치하는데, 철새가 이런 지구 자기장의 흐름을 감지해 방향을 알고 이동하는 것이 아니냐고 추측하고 있어.

부리로 몸을 긁는 이유는?

어동이 철새들을 보면 주로 차가운 물에 몸을 담그고 있더라고요. 하루 종일 물속에 있으면 춥지 않을까요?

나척척 철새를 자세히 보면 부리로 깃털을 다듬는 모습을 자주 볼 수 있어. 이것은 부리로 꽁무니 윗부분에 있는 기름샘에서 나오는 기름을 깃털에 발라주는 것이란다. 이 기름 덕분에 깃털이 물에 젖지 않는 거야. 또 깃털 사이에 있는 부드러운 솜털과 솜털 사이에 형성된 공기층이 보온효과를 내 추위를 막아주지.

어동이 철새는 정말 과학적인 동물이네요!

야구 속 과학 이야기
습도 높으면 홈런이 팡팡!

 부모님과 함께 야구장을 찾는 초등학생들도 점점 많아지고 있다. 재미있는 스포츠 경기인 야구! 이 속에 숨겨진 과학 원리를 살펴보면 더 재미있게 즐길 수 있다. 야구 속에는 어떤 과학 원리가 숨겨져 있을까?

속도 – 무게, 무엇을 선택할까?

 무거운 배트(야구방망이)를 드는 것이 홈런을 치기에 유리할까, 아니면 가벼운 배트를 드는 것이 유리할까? 운동하는 물체는 질량이 크고 속도가 빠를수록 힘이 커진다. 따라서 둘 다 똑같은 속도로 움직이게 할 수 있다면 무거운 배트를 드는 것이 홈런을 치기에 더 유리하다.

 하지만 무거운 배트를 들수록 방망이를 휘두르는 속도는 느려진다. 반면 가벼운 배트를 선택한다면 배트의 속도는 훨씬 빨라진다.

 가벼운 배트를 들고 빨리 휘두르는 것과 무거운 배트를 들고 천천히 휘두르는 것, 둘 중 어떤 것을 선택해야 할까? 과학 공식으로 계산해 보면

미국 프로야구 메이저리그에서 뛰는 추신수 선수가 솔로 홈런을 친 뒤 공을 바라보고 있다. 동아일보 자료사진

가벼운 배트를 선택하는 것이 유리하다.

'에너지'는 '물체의 질량'과 '물체가 움직이는 속도를 제곱한 값'을 서로 곱한 값과 같다는 공식에 따라 생각해 보면, 질량이 늘어나는 것보다 속도가 빨라지는 게 훨씬 더 많은 에너지를 만들어내기 때문이다.

홈런을 만드는 날씨가 있다

야구공은 하늘을 날 때 공기의 저항을 헤치며 날아간다. 공기의 저항이란 물체가 공기 중을 이동할 때 이동 방향과 반대로 공기로부터 힘을 받는 것을 말한다. 공기의 저항이 적을수록 공은 멀리 날아간다.

공기의 저항은 '공기의 밀도'에 따라 달라진다. 공기의 밀도란 면적 당 공기 분자의 수를 말하는데, 공기 분자가 적을수록 밀도가 낮아지고, 공기의 분자가 많을수록 공기의 밀도가 높아진다.

과학적 원리에 따라 공기의 밀도는

습도, 온도, 기압에 따라 달라진다. 온도가 높아지면 부피가 늘어나고, 부피가 늘어나면 밀도가 낮아진다. 그래서 기온이 높은 날 공기의 밀도가 낮기 때문에 공을 더 멀리 보낼 수 있다.

건조한 날과 습기가 높은 날 중에 언제 더 야구공이 멀리 날아갈까? 정답은 습기가 높은 날이다. 대기 중에 습도가 높으면 공기의 밀도가 떨어져 그만큼 공기의 저항이 작아진다.

공에 끝까지 힘을 실어라

타자들을 보면 야구방망으로 공을 맞춘 후에도 스윙 동작을 멈추지 않고 끝까지 한다. 알고 보면 이 동작에도 과학의 원리가 숨겨져 있다.

물체에 전달되는 '충격량'은 '힘'과 '시간'을 곱한 값과 같다는 과학 공식이 있다. 이 공식에 따르면 야구 배트가 공을 칠 때 전달하는 충격량은 배트의 힘과 공이 접촉하는 시간에 비례한다. 그래서 배트에 공이 부딪힌 뒤에도 끝까지 스윙을 해 공과의 접촉시간을 늘리는 것이다. 종종 야구 해설자들이 선수들에게 공에 끝까지 힘을 실어야 한다는 말을 한다. 이것은 배트가 공과 접촉하는 시간을 보다 길게 가져가야 한다는 것을 의미하기도 한다.

공 잡는 순간, 손을 뒤로 빼라

야구 경기에서 선수들이 빠르게 날아오는 야구공을 받는 순간을 자세히 관찰해 보자.

투수로부터 공을 받는 포수

손을 앞으로 쭉 뻗었다가 공을 잡는 순간 손을 뒤로 빼는 것을 볼 수 있다. 왜 그럴까? 공을 잡는 시간을 늘려 빠른 볼에 의해 손이 받는 충격을 줄이기 위해서이다.

물체에 전달되는 '충격량'은 '힘'과 '시간'을 곱한 값과 같다는 과학 공식에 따라 접촉하는 시간이 길어질수록 공의 힘이 약해져 손에 전해지는 충격을 줄일 수 있다.

소행성 '커리클로'에 고리 발견
태양계 행성들 고리, 어떻게 발견됐을까?

　최근 토성과 천왕성 사이에 있는 소행성인 '커리클로'에 암석과 얼음으로 된 고리가 있다는 사실이 확인됐다. 커리클로는 태양에서 최대 28억 km 떨어진 소행성으로 태양 주변을 타원형 궤도로 돌고 있다.

　브라질 국립천문대는 유럽남방천문대(ESO) 등과 브라질 리우데자네이루에서 인터넷으로 생중계된 공동 기자회견을 열고 커리클로에 2개의 고리가 있는 것을 관측했다고 최근 밝혔다. 반지름이 불과 124km인 커리클로의 크기는 달의 300분의 1, 지구의 1만5000분의 1로 매우 작다. 이번 발견으로 '고리가 있는 태양계 천체는 목성, 토성, 천왕성, 해왕성과 같이 기체로 이뤄졌으며 크기가 큰 행성 밖에 없다'는 천문학 상식이 깨졌다. 커리클로는 태양계에서 고리를 가진 다섯 번째 천체이자 고리를 가진 가장 작은 천체가 되었다.

　관측 결과, 커리클로의 두 고리는 너비가 각각 7km, 3km이며 고리 사이 간격은 8km이다. 고리의 궤도 반지름은 각각 391km, 405km로 두

토성의 모습

고리는 초속(1초 동안 움직이는 거리) 10cm의 속도로 천천히 돌고 있다. 고리 이름은 브라질 북쪽 경계와 남쪽 경계에 있는 두 개의 강 이름을 따서 각각 '오이아포크'와 '추이'라고 붙여졌다.

그동안 과학자들은 목성, 토성, 천왕성, 해왕성의 고리를 어떻게 발견해 왔을까? 또 과학자들은 커리클로에 고리가 생긴 이유에 대해 어떻게 추정하고 있을까?

보이저 2호의 놀라운 발견

토성의 고리를 맨 처음 발견한 사람은 이탈리아의 과학자 갈릴레오 갈릴레이(1564~1642)다. 갈릴레이는 1610년 토성의 고리를 발견했다. 그러나 당시 망원경의 성능이 좋지 않았기 때문에 자신이 발견한 것이 고리라는 것은 모른 채 그저 2개의 위성이라고 생각했다.

이후 1655년 네덜란드의 천문학자인 크리스티안 하위헌스(1629~1695)

는 이 형체가 고리라는 것을 확인했다. 그리고 1857년 영국의 물리학자 제임스 맥스웰(1831~1879)은 토성의 고리가 고체로 이뤄진 하나의 물체가 아니라 작은 고체입자들로 구성돼 토성 주위를 돌고 있다는 이론을 내놓았다. 그리고 이와 같은 맥스웰의 이론은 보이저 1호*가 1980년 11월 12일 토성 옆을 지나가면서 보내온 사진을 통해 입증됐다. 토성의 고리가 수많은 먼지, 돌, 얼음으로 구성됐다는 것이 밝혀진 것이다.

1977년 과학자들은 천왕성이 별빛을 가리는 현상을 분석한 결과, 천왕성에 고리가 7개 있다는 사실을 밝혀냈다. 그 후 1986년 보이저 2호의 탐사와 2005년 *허블우주망원경 관측으로 고리가 추가로 더 확인돼 천왕성의 고리가 총 13개라는 것이 밝혀졌다.

고리는 왜 생겼을까?

1979년에는 목성을 스쳐 지나가던 보이저 2호*가 목성에서 고리를 관측했다. 목성의 고리가 얇고 밀도가 낮았기 때문에 그동안 지구에서는 관측하지 못했던 것이다.

🔼상식UP

보이저 1, 2호: 미국 항공우주국(NASA)이 발사한 무인(사람이없는) 우주탐사선. 목성, 토성, 천왕성, 해왕성을 탐사하기 위한 목적으로 발사됐다. 우주를 여행하면서 지구에서 관측할 수 없는 우주 정보를 지구로 보내왔다.

허블우주망원경: 미국 항공우주국(NASA)이 우주왕복선을 이용해 1990년 4월 지구 대기권 위(600km)의 궤도에 올려놓은 천체 관측을 위한 우주망원경. 지구상에 설치된 망원경보다 50배 이상 미세한 부분까지 관찰할 수 있다.

천체 관측을 위한 허블우주망원경

1989년 보이저 2호는 태양계의 맨 바깥에 있는 행성인 해왕성에서 5개의 고리를 발견했다. 해왕성의 고리도 목성의 고리처럼 희미하다. 이렇게 해서 사람들은 지금까지 태양계에서 고리를 갖고 있는 천체가 총 4개라고 생각해 왔다.

커리클로에 고리가 어떻게 생겼는지는 여전히 미스터리로 남아 있다. 과학자들은 작은 천체인 커리클로에 고리가 생긴 이유를 크게 두 가지로 추측하고 있다. 첫 번째는 어떤 천체가 커리클로에 충돌한 뒤 그 파편이 커리클로의 적도면에 분포하게 됐다는 것. 두 번째는 소행성 주변을 도는 위성에 우주를 떠도는 작은 천체들이 부딪혀 생긴 파편이 커리클로 주변에 고리를 만들었다는 것이다.

파리는 지구 최고의 비행사
1초에 날개 200번 파닥파닥

날씨가 더워지면 어김없이 등장하는 파리. 사람이 파리채로 잡으려고 하면 요리조리 재빠르게 피해 날아다닌다. 파리는 어떻게 이렇게 파리채를 재빠르게 피해 날아다닐 수 있는 걸까?

파리가 가까이 있는 장애물을 잘 피해 날아다니는 것은 파리 날개에 '평균곤(halter)'이라는 기관이 달려 있기 때문이라는 사실이 최근 밝혀졌다. 파리의 뒷날개가 퇴화(생물체의 기관이 단순해지거나 크기가 작아짐)해 곤봉모양으로 변한 기관인 평균곤은 파리가 날 때 균형을 유지할 수 있게 돕는다. 과학자들은 이 평균곤을 연구하면 지금보다 더 빠르게 이동하는 항공기를 개발하는 데 도움이 될 것으로 내다봤다.

믿어지는가? 보잘것없어 보이는 파리가 항공기를 만드는 과학자들에게 중요한 연구대상이라는 사실을. 파리의 비행에는 어떤 비밀이 숨어있을까?

날개 뒤에 숨은 '평균곤'

파리는 장애물을 피하기 위해 어느 방향으로 날아야 하는지 빠르게 계산하고 순식간에 방향을 바꾼다. 그 비결은 무엇일까?

미국 코넬대는 파리가 장애물을 인식하는 기관이 무엇인지 알아보기 위해 최근 실험을 진행했다. 연구팀은 등에 자석을 붙인 파리를 자기장(자석의 힘이 미치는 공간)이 있는 특수공간에서 날게 한 후 이를 특수 카메라를 이용해 촬영했다. 파리는 자기장에 반응해 이리저리 비행 방향을 바꾸었고 이에 연구진들은 초파리의 움직임과 날개의 각도 등을 촬영했다.

파리의 움직임을 분석해 보니 장애물을 인식하는 기관은 파리의 뇌가 아니었다. 앞날개 뒤에 있는 '평균곤'이었다. 이 기관 속에는 발달된 신경세포가 있는데 파리가 날면서 한쪽으로 치우치지 않고 균형을 잡을 수 있도록 돕는다. 균형을 방해하는 장애물을 만나면 평균곤이 반사적으로 비행 방향을 바꾸게 하는 것이다. 어떻게 뇌를 거치지 않고 평균곤이 바로 날개의 움직임을 바꾸는지에 대해선 계속 연구 중이다.

눈 깜빡이는 속도보다 빨라

파리가 비행 방향을 바꾸는 데 걸리는 시간은 얼마나 될까? 이를 알아

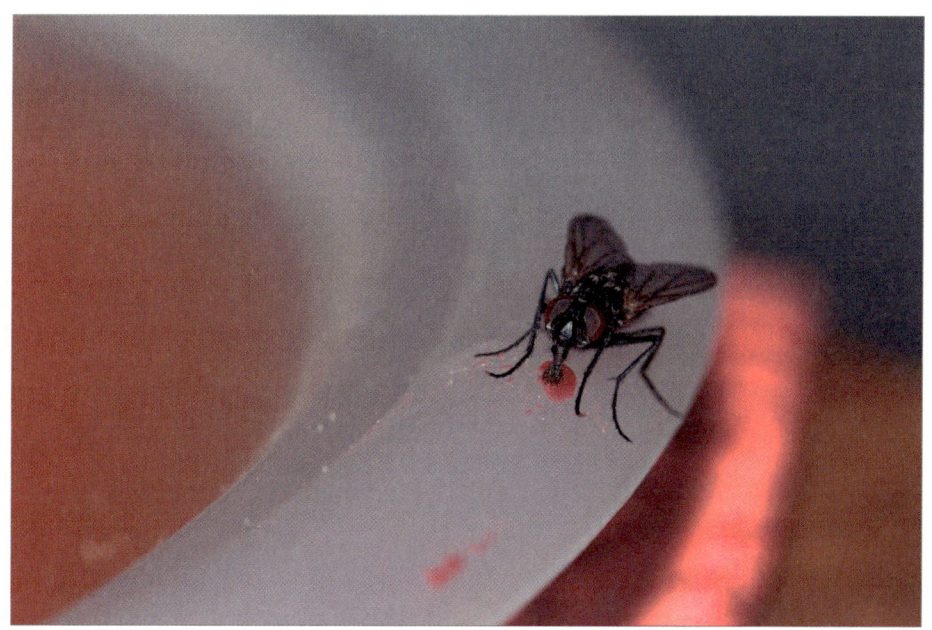

집에서 흔히 볼 수 있는 파리

보기 위해 미국 워싱턴대는 최근 파리를 대상으로 실험했다. 파리를 넣은 상자 안에 파리의 포식자(생물 사이에서 잡아먹는 쪽)인 벌을 촬영한 영상을 틀어줬다. 이 영상을 본 파리가 날개와 몸통을 얼마나 빠르게 움직이는지 초고속 카메라 3대로 촬영했다.

파리들은 동영상 속에 나오는 벌을 보자마자 이를 피하려고 날개를 틀어 비행 방향을 바꿨다. 이때 걸린 시간은 100분의 1초보다 빨랐다. 사람이 눈을 깜빡이는 속도보다 약 50배 빠른 속도다.

이토록 민첩한 파리는 1초에 평균 200번의 날갯짓을 하는 것으로 알려져 있다. 파리의 날개에 있는 근육이 어떻게 이런 엄청난 속도로 움직일 수 있는지 알아내는 연구는 지금도 계속 진행 중이다.

파리를 본뜬 항공 로봇

이런 파리의 비행원리를 본뜬 항공 로봇이 계속 만들어지고 있다. 최근 미국 하버드대는 항공 로봇 '로보비'를 발명했다. 50원짜리 동전만큼 작은 로보비는 몸통에 달린 전선에 매달려 날갯짓을 한다. 전선을 통해 전기를 공급받는 것. 날개가 가벼운 탄소 섬유로 만들어져 1초에 최대 120번 퍼덕일 수 있다.

2004년 일본 전자회사 세이코엡손은 무게 12.3g의 항공 로봇 '마이크로 플라잉 로봇'을 만들었고, 2008년 네덜란드 델프트공과대 연구팀은 날개 길이가 10cm인 '델플라이 마이크로'를 개발했다. 이 로봇들은 대형사고가 일어난 현장에서 다친 사람을 찾고 재빠르게 구조하는 역할을 할 것으로 보인다.

지하철은 어떻게 움직일까?
전기 '찌릿' 하면 지하철 꼬리 '꿈틀~'

　우리나라 최초의 지하철은 1974년 8월 15일 서울 용산구와 동대문구를 연결하는 지하철 1호선이다. 이후 지하철 노선은 서울과 경기, 인천 등 각 지역으로 확장되었다.

　누가 지하철을 발명했을까? 기다란 지하철은 어떻게 요리조리 움직일까? 함께 살펴보자.

지하철 모델이 두더지?

　세계 최초의 지하철은 1863년 1월 10일 개통한 영국 런던 패딩턴과 페링턴 사이 약 6km를 오가는 '메트로폴리탄 레일웨'이다. 영국인 찰스 피어슨이 20년 넘게 시의원들을 설득한 결과다. 당시만 해도 땅속에 길을 낸다는 것은 상상도 못 할 '기막힌' 일이었다.

　어떻게 피어슨은 지하철을 생각해 냈을까? 땅굴을 파는 두더지를 보고 아이디어를 얻었다고 한다. 피어슨은 '대부분의 동물은 땅 위로 다니는데

역으로 들어오는 지하철 동아일보 자료사진

왜 두더지는 힘들게 땅을 파 땅 밑으로 다니는 걸까' 궁금했다. 두더지에겐 땅 위에 있는 포식자(잡아먹는 쪽)나 호수, 산 등 모두 이동하는 데 불편한 장애물이었기 때문이다.

피어슨은 사람도 땅 밑으로 다니면 어떨지 상상했다. 당시 교통체증이 심각했던 런던의 문제를 해결할 수 있다는 확신이 들었다. 피어슨은 땅 밑에서 움직이는 이동수단인 지하철설계도를 만들어 1843년 런던시의회에 찾아갔다.

하지만 시의원들의 반응은 냉담했다. '왜 위험하게 땅 아래로 다니느냐'는 것. 피어슨은 포기하지 않았다. 10여 년 동안 자신의 지하철 시스템을 발전시키고 사람들에게 지하철의 장점인 적은 비용, 교통체증 해결 등을 알렸다.

공기 힘으로 문 열어요

지하철에는 대체로 4~10개 차량이 연결되어 있다. 뱀의 긴 꼬리처럼 보인다. 지하철은 어떻게 요리조리 움직일까?

지하철은 전기의 힘으로 움직인다. 지하철이 역에 들어올 때 천장을 올려다보면 천장에 있는 여러 전깃줄과 지하철 지붕에 있는 장치가 맞닿은 것을 볼 수 있다. 지하철 지붕에 있는 장치를 '팬터그래프'라고 부른다. 이는 지하철역 전기실에서 천장의 전깃줄로 흘려보낸 전기를 지하철 내부로 끌어들이는 역할을 한다. 이렇게 끌어들인 전기가 지하철 내 모터를 작동시켜 지하철 바닥에 있는 바퀴를 돌린다.

지하철이 달리는 선로를 보면 중간 중간 끊긴 곳이 있다. 금속으로 된 선로가 온도 변화에 따라 그 길이가 '늘었다 줄었다' 하기 때문이다. 그래서 최소한의 길이로 자른 선로를 이어 붙이는 것이다. 대신 전선으로 중

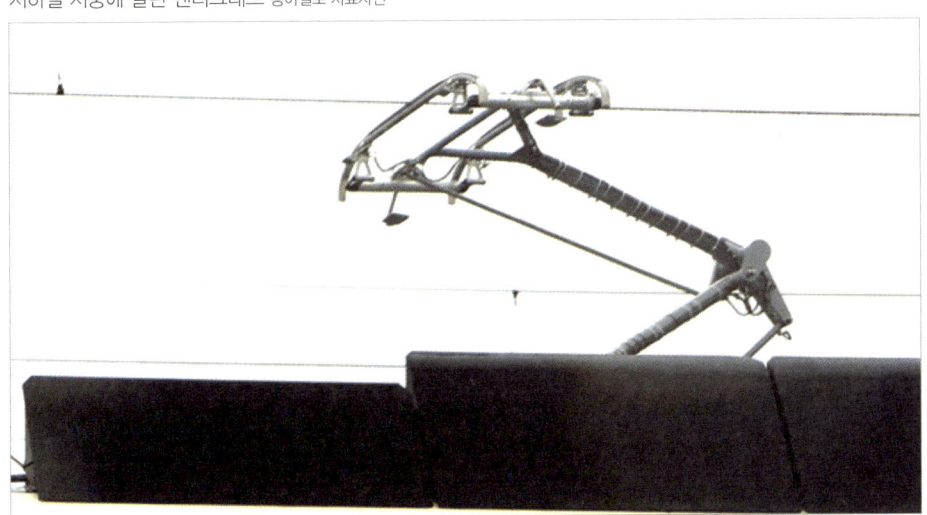

지하철 지붕에 달린 팬터그래프 동아일보 자료사진

끊긴 선로를 잇는 레일본드 동아일보 자료사진

간 중간 끊어진 것을 잇는다. 전기를 이용해 끊긴 선로를 지하철이 부드럽게 지나가게 만드는데 이를 '레일본드'라고 한다.

그럼 지하철의 문은 어떻게 여닫힐까? 공기의 압력을 활용한다. 지하철의 문 위에는 공기를 압축시켜둔 통이 있다. 통 안의 공기를 밖으로 배출시키면 이때 밀려나온 공기가 문을 밀어 연다. 공기 배출을 멈추면 더는 문을 미는 공기가 없기에 문이 닫힌다. 지하철 바닥에서 '윙~' 소리가 나는 경우가 있다. 공기펌프를 움직여 통 안에 공기를 다시 채우는 것이다.

선선해진 날씨, 머리카락 많이 빠지는 이유?
두피 각질이 모낭 꽉 막아

여름에서 가을로 넘어가는 환절기(換節期·계절이 바뀌는 시기)다. 이때 평소보다 유난히 머리카락이 많이 빠진다. 그 개수가 평소에 비해 3~5배나 많다. 왜일까? 또 머리카락은 평소에 왜 빠지는 걸까?

죽은 세포들이 모인 머리카락

여름에서 가을로 철이 바뀌는 시기에 머리카락이 많이 빠지는 이유는 선선해진 날씨에 두피가 건조해지기 때문이다. 건조한 두피에는 각질이 쉽게 생긴다. 각질은 모낭(毛囊·털이 나는 구멍)을 막는다. 두피에 있는 모낭은 머리카락이 나는 구멍이자 머리카락의 뿌리에 단백질과 같은 영양분을 주어 뿌리를 튼튼하게 만든다. 하지만 각질에 막힌 모낭은 머리카락의 뿌리에 영양분을 제대로 주지 못하게 되고 결국 약해진 머리카락이 쑥 빠지는 것이다.

모낭에서 머리카락은 어떻게 날까? 모낭 속 세포는 두피 표면으로 이

동한 뒤 죽는다. 이렇게 죽은 세포들이 서로 결합해 머리카락이 된다. 새롭게 죽은 세포가 이전에 죽은 세포를 밀어 올리는 과정이 되풀이되면서 머리카락이 길어진다. 머리카락은 죽은 세포들이 모인 줄기인 셈이다.

머리카락마다 자라는 속도 달라

보통 머리카락 한 올은 하루에 0.2~0.4mm, 한 달에 1cm 정도 자란다. 머리카락 한 올 한 올은 각각 수명이 다르다. 대체로 2~6년이다. 이들은 성장기, 퇴행기, 휴지기 총 3단계를 거친다.

성장기에는 머리카락이 쭉쭉 길어진다. 이후 약 3주간의 퇴행기에 들어간다. 이때 머리카락은 더 이상 길어지지 않고 가늘어지고 약해진다. 그 다음 휴지기에 접어든 머리카락은 모낭에서 빠져 떨어진다. 그리고 그 모낭에서는 새로운 머리카락이 다시 자란다.

머리카락은 두피의 어느 쪽에 있느냐에 따라 길어지는 속도가 다르다. 이마와 정수리 쪽 두피는 자외선에 노출돼 건조한 편이다. 그래서 이들 두피에서 난 머리카락은 정수리와 멀리 떨어진 뒤통수 쪽에 있는 두피에서 난 머리카락보다 길어지는 속도가 10~20% 느리다. 우리가 앞머리를 기르기 힘든 이유다.

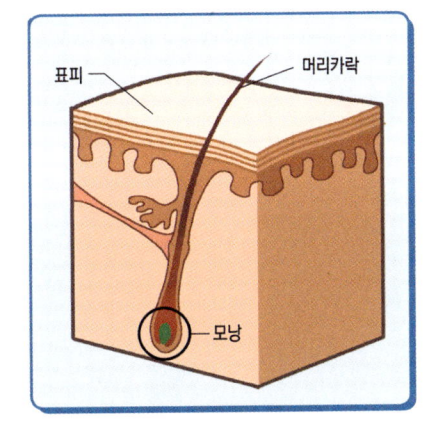

머리카락이 자라는 속도를 더 빠르게 할 순 없을까? 콩, 달걀처럼 단백질이 많이 든 음식을 먹으면 좋다.

모낭 찌그러지면 머리카락 곱슬

왜 사람마다 머리카락이 곱슬곱슬하기도 하고 쭉쭉 곧기도 할까? 모낭의 모양이 완전한 동그라미에 가까울수록 머리카락은 쭉쭉 곧다. 반면 모낭이 비대칭적으로 찌그러질수록 머리카락이 구불구불한 정도가 심하다. 이는 대체로 유전적 영향을 받는다고 알려져 있다.

그럼 머리카락의 색은 왜 사람마다 다를까? 머리카락 내부에 있는 멜라닌의 양이 다르기 때문이다. 멜라닌 색소는 자외선을 흡수할수록 검은색이 된다. 머리카락 속 멜라닌의 양이 많을수록 머리카락의 색이 어두워진다.

'배아줄기세포 치료제'로 시력 되찾아
어떤 세포로든 변하는 만능세포

한국 기업과 미국의 줄기세포 전문기업이 함께 개발한 배아줄기세포 치료제가 시력을 잃은 환자를 대상으로 한 임상시험(의료 분야에서 약물 등의 안전성을 시험하기 위해 사람을 대상으로 행하는 시험)에서 시력을 회복시키는 데 성공했다.

이 성공소식은 국제학술지인 '랜싯' 인터넷판에 발표됐다. 이 논문에 따르면 시력을 잃거나 시력이 나빠진 환자 18명이 이 치료를 받고 13명의 시력이 회복되거나 개선됐다.

한 명은 말을 탈 정도로 시력이 회복됐다. 시력 검사표의 글자를 전혀 읽지 못하던 환자 역시 세포 이식(옮겨 심음) 후 글을 읽을 수 있을 정도로 시력이 좋아졌다.

이는 세계 최초 배아줄기세포 치료제이기에 더욱 주목을 끌고 있다. 배아줄기세포는 무엇일까? 이 세포에는 어떤 비밀이 숨겨져 있기에 시력을 잃은 환자의 시력을 회복시킨 것일까?

수백여 종으로 변신

먼저 줄기세포에 대해 알아보자.

줄기세포는 신체 내 모든 세포나 조직을 만들어내는 기본적인 세포를 말한다. 줄기세포에는 사람의 배아(수정란·여성의 생식세포인 난자와 남성의 생식세포인 정자가 합쳐진 것)를 이용해 만들 수 있는 '배아줄기세포'와 특정한 기관이 다치거나 늙어서 죽으면 그 곳에 새로운 세포를 공급하는 '성체줄기세포'가 있다.

사람의 몸은 수백 종류의 다른 세포들로 구성돼 있다. 우리가 다치거나 아플 때 우리의 세포 또한 다치거나 죽게 된다. 이때 성체줄기세포는 기관 내에서 여러 종류의 다양한 세포를 만들어내 우리의 상처받은 조직을 치유하거나 죽은 세포들을 새로운 세포로 대체한다.

성체줄기세포는 모든 조직으로 분화(세포, 조직 등이 각각에게 주어진 일을 수행하기 위하여 형태나 기능이 변해가는 것) 할 수는 없으나 일정한 장기나 조직으로 분화할 수는 있다. 예를 들어 성체줄기세포 중 하나인 혈액줄기세포는 혈액만을 만든다.

그러나 배아줄기세포는 혈액, 뼈, 피부, 뇌 등 수백여 종에 이르는 인체를 구성하는 모든 종류의 세포로 분화할 수 있다.

성공적으로 자리 잡은 세포

그렇다면 이번 치료는 어떻게 이뤄진 것일까? 이번 임상시험에 참여한 환자들은 망막(눈에 들어온 빛을 전기정보로 바꿔 뇌에 전달하는 신체기관)색소상피세포가 손상된 환자들이다. 망막 바로 아래에는 망막색소상피세포가 있다. 이 세포는 노화가 되거나 선천적으로 약하면 죽고 만다. 이 세포가 죽어서 제 기능을 하지 못하면 망막에 상이 잘 맺히지 않아 눈이 잘 보이지 않게 된다.

그래서 연구진은 냉동 수정란에서 배아줄기세포를 얻은 뒤 길러냈다. 그 다음 이 배아줄기세포를 망막색소상피세포로 분화시켰다. 마지막으로 이 세포를 눈에 이식했다. 그러자 망막상피세포가 환자의 망막 아래에 성공적으로 자리 잡으면서 임상시험에 참여한 다수 환자들의 시력이 좋아졌다.

부작용과 윤리적 문제

배아줄기세포 치료제의 가장 큰 부작용은 계속해서 이 세포가 성장을 하므로 분화하지 않은 상태로 이식을 했을 경우 줄기세포가 암을 일으키는 종양세포(비정상적으로 계속 자라는 세포)로 발전할 가능성도 크다는 것이다. 다행히도 이번 치료에서 암은 발견되지 않았다.

또 수정란을 사용한다는 점에서 인간 생명을 경시(대수롭지 않게 봄)하는 것 아니냐는 비판도 받을 수 있다. 수정란은 여성의 자궁에 이식하면 태아가 될 수 있는 가능성이 있기 때문이다.

 왜 추울수록 해가 일찍 질까?
계절마다 햇빛 양 달라져요

겨울의 시작을 알리는 절기인 입동(11월 7일)이 최근 지났다. 날이 추워질수록 해가 지는 시각이 빨라진다. 왜 겨울에는 여름보다 해가 일찍 지는 걸까? 계절에 따라 낮 길이가 달라지는 이유는 뭘까? 어동이와 엄마의 가상 대화를 통해 알아보자.

해 뜨는 위치가 변한다(?)

어동이 친구들과 놀다 보니 어느새 밖이 어두컴컴해졌어요. 아직 오후 8시밖에 되지 않았는데….

엄마 겨울이 다가올수록 해가 짧아진단다.

어동이 해가 짧다고요?

엄마 해가 일찍 진다는 뜻이지.

어동이 왜 계절마다 낮 길이가 달라지지요?

엄마 태양은 동쪽에서 떠서 서쪽으로 진다고 해. 하지만 아주 정확히

겨울철 해가 지는 모습 동아일보 자료사진

말하자면 계절에 따라 태양이 뜨는 위치가 조금씩 달라진단다.

봄과 가을에는 태양이 똑바른 동쪽에서 뜨지만, 여름에는 약간 북쪽으로 이동한 지점에서 떠올라. 그래서 낮 길이가 길지. 반면 겨울에는 약간 남쪽으로 이동한 지점에서 떠오르기 때문에 낮 길이가 짧아.

어동이 아~. 그렇구나.

기울어진 지구, 태양을 '빙글'

어동이 엄마, 그런데 왜 계절마다 태양이 떠오르는 위치가 달라지는 것이지요?

엄마 지구가 자전축(지구의 남극과 북극을 잇는 직선. 지구는 이 축을 중심으로 하루에 한 바퀴씩 도는 '자전'을 한다)이 기울어진 채로 태양 주위를 돌기 때문이야.

어동이 엥? 어려워요.

엄마 지구가 태양 주위를 돌고 있다는 건 알고 있지? 이를 '공전'이라고 불러. 만약 지구가 기울어지지 않은 채 움직인다면? 지구 북반구에 있는 우리나라는 항상 햇빛이 비스듬하게 비칠 거야. 그럼 우리나라는 1년 내내 기온이 크게 변하지 않고, 가을과 같은 날씨를 유지하게 되겠지.

어동이 지구가 기울어져 있다면요?

엄마 실제 지구는 자전축이 23.5도 기울어져 있어. 이 자전축을 중심으로 지구가 스스로 돌면서 공전하기 때문에 시간에 따라 우리나라에 도달하는 햇빛의 양이 다르단다. 햇빛이 직각으로 들어오기도 하고, 비스듬히 들어오기도 하면서 계절의 변화가 나타나는 것이지.

계절과 태양의 고도

엄마 어동아, 학교에서 '태양의 고도'라는 것을 배웠니?

어동이 과학시간에 배웠던 것이 어렴풋이 기억나요. 태양의 고도란 땅과 태양이 이루는 각도를 말하잖아요.

엄마 딩동댕~. 태양의 고도는 낮 12시에 가까워질수록 점점 높아지다가, 낮 12시가 지나면 다시 낮아지지. 태양의 고도가 변하면 그림자의 길

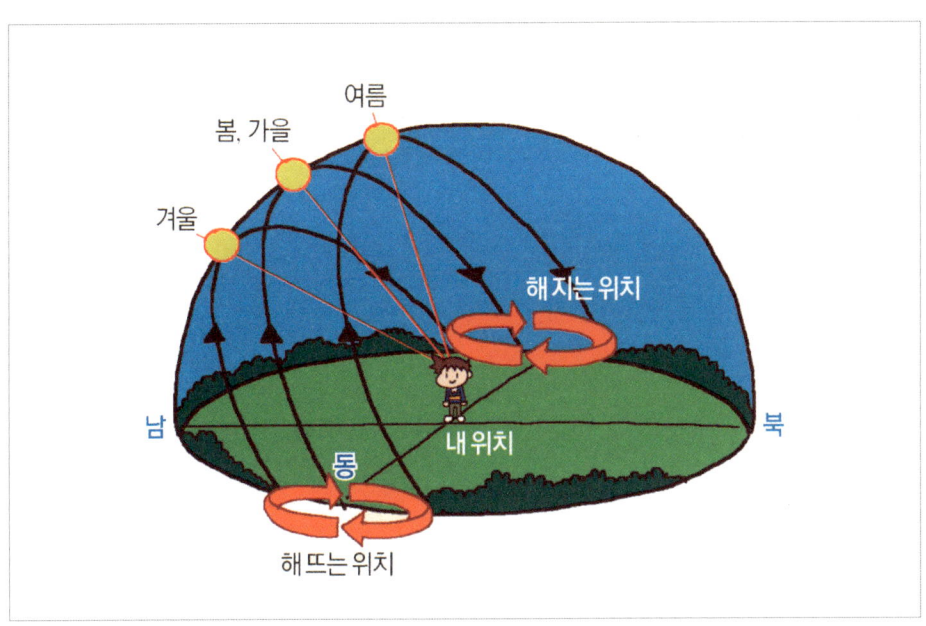

계절별 해가 뜨는 위치

이도, 기온도 변해. 하루 동안 태양의 고도가 높을수록 땅에 내리쬐는 햇빛의 양이 많아져 기온이 높아지지. 그래서 그림자의 길이는 짧아진단다.

어동이 이것을 계절에 빗대어 말한다면, 겨울에는 태양의 고도가 가장 낮아 태양이 땅 위에 머무르는 시간이 가장 짧군요.

엄마 그래서 낮 길이는 짧고 땅이 받는 햇볕의 양도 적어서 기온이 낮아지는 것이지. 우리 어동이는 하나를 알려주면 열을 깨우치는 척척박사네!

김장김치 맛 속 숨겨진 과학
'아삭' 배추에서 '새콤' 김치로

찬바람이 불기 시작하면 일부 가정의 일손이 바빠진다. 겨울 내내 먹을 김치를 담그는 '김장'을 하기 때문이다.

배추를 소금에 절인 뒤 매콤한 양념을 묻혀 익히면 맛있는 김치가 된다. 오래 둘수록 맛있게 익는 김치에 숨겨진 과학원리는 무엇일까? 어동이와 엄마의 대화를 통해 알아보자.

배춧잎, 소금 만나 '흐물흐물'

어동이 와! 배추가 정말 싱싱해 보여요. 빳빳한 배춧잎이 엄마의 손을 거치면 부드럽고 맛있는 김치로 변신하니 정말 신기해요.

엄마 호호. 내 손맛보다도 배추를 소금에 절이면 배추의 숨이 죽어서 그렇단다.

어동이 네? 배추가 죽는다고요?

엄마 배추를 반나절 정도 소금물에 절이면 배추가 물에 불어 흐물흐물

해지면서 부드러워진다는 뜻이야. 그러면서 배추에 소금 간이 적절하게 배지. 절인 배추 맛 좀 볼래?

배추김치 동아일보 자료사진

어동이 냠냠. 윽! 너무 짜요. 소금물에 이렇게 오래 담그면 김치에서 엄청 짠맛만 나지 않을까요? 제가 그동안 먹었던 엄마표 김치는 매콤하면서도 새콤했는데….

엄마 염려 마. 뿌린 소금의 짠맛이 모두 배추에 스며들진 않는단다. 여기엔 재미있는 과학원리가 숨어 있지.

모든 생명체는 '세포'라는 아주 작은 부분들로 이뤄져 있단다. 세포들은 낮은 농도에서 높은 농도로 이동하는 성질이 있어. 배추를 구성하는 세포도 마찬가지야. 배추를 소금물에 절이면 배추가 머금은 물을 구성하는 세포들은 소금 농도가 높은 소금물로 이동해. 이 과정이 계속되면 소금물의 농도는 점점 낮아지고 배추의 농도는 점점 높아지겠지. 그러다 결국엔 소금물과 배추의 소금 농도가 서로 비슷해진단다.

어동이 아하! 그럼 배추에는 적절하게 소금기가 배어들겠네요.

107

썩지 않고 익는 비결은?

어동이 엄마, 김치는 수개월 동안 김치냉장고나 독에 두면 점점 맛있어지잖아요. 제가 아껴먹으려고 남겨둔 과일은 오래두면 상하던데, 김치는 왜 오래 보관해도 썩지 않고 맛이 좋아질까요?

엄마 음, 그건 김치가 '부패'가 아닌 '발효'라는 과정을 거치기 때문이야.

어동이 부패는 '썩는다'는 뜻 아닌가요?

엄마 맞아. 식품을 자연 상태 그대로 두면 미생물은 효소라는 단백질을 이용해서 식품을 구성하는 성분을 끝없이 작게 분해한단다. 특히 단백질이 분해되면 몸에 해로운 부패균이 늘면서 음식이 썩고 악취가 진동하지. 이것을 '부패'라고 한단다.

어동이 그럼 김치와 같은 특정 음식은 어떻게 발효가 되는 거예요?

엄마 발효는 특정한 조건과 환경을 갖추었을 때 발효균이 활동하면서 일어난단다. 배추를 자연 상태 그대로 두면 부패하지만, 배추를 소금에 절여 독이나 김치냉장고에 담아 적정온도를 유지하면서 보관하면 발효균이 작용해 우리 몸에 유익한 발효식품이 만들어지는 거지.

유산균이 만든 젖산

엄마 김치가 익어가는 과정에서 제일 활약하는 발효균은 '유산균'이야. 유산균은 김치에 들어있는 영양분을 흡수해 '젖산'이라는 물질을 만들어낸단다.

어동이 유산균? 장에 좋은 요거트를 홍보하는 광고에서 많이 들어보았어요.

엄마 맞아. 유산균은 사람의 소화와 배변활동을 도와 위와 장을 튼튼하게 해주지. 그리고 유산균이 만들어내는 젖산은 김치에 신맛을 나게 하는 물질이란다.

어동이 아~, 김치를 오래 보관할수록 유산균이 젖산을 많이 만들어 김치의 신맛도 강해지는군요. 엄마, 이번 김치가 새콤하게 익으면 꼭 김치찌개 끓여주셔야 해요. 얼른 먹어보고 싶다.

엄마 녀석. 그 전에 엄마 김치 담글 때 옆에서 도와줄 거지?

어동이 물론이죠!

인공 눈에 숨겨진 과학 원리
왜 스키장엔 항상 눈이 수북할까?

겨울에는 눈이 많이 내린다. 눈이 많이 와도 날씨가 포근해지면 땅에 쌓인 눈은 '사르르' 녹고 만다. 반면 눈이 오지 않는 날에도 스키장에선 늘 눈이 수북하게 쌓인 것을 볼 수 있다.

스키장의 눈은 어떻게 만들어졌을까? 겨울철을 맞아 스키장을 찾은 어동이와 아빠의 대화를 통해 알아보자.

'슝' 튀어나와 얼음으로 변신

어동이 우와! 스키장이 온통 눈으로 덮였네요. 이 눈은 하늘에서 내린 눈이 아니라 사람이 만든 눈이지요?

아빠 딩동댕! 스키장에 쌓인 눈은 '인공 눈'이야. 제설기라는 기계가 물을 뿌리면 눈이 되지.

어동이 네? 물을 뿌린다고요?

아빠 저 멀리 보이는 큰 기계가 물을 뿌리는 제설기야. 가까이에서 보

스키장에서 제설기로 인공 눈을 만들어내는 모습 동아일보 자료사진

면 눈이 아니라 미세한 크기의 물방울들이 뿌려지는 걸 볼 수 있지? 공기는 모여 있으면 서로 다른 곳으로 튀어나가려는 성질이 있단다. 물과 공기가 모인 제설기 입구를 열어주면 압축된 공기 속에 있던 물이 매우 빠른 속도로 튀어나가지. 그렇게 밖으로 나온 물이 땅에 떨어지기 전에 얼어붙어서 눈이 되는 거란다.

어동이 물이 순식간에 눈이 되다니 정말 신기해요.

아빠 열에너지는 온도가 높은 부분에서 낮은 부분으로 이동하는 특성이 있어. 제설기 속 공기보다 차가운 공기를 만나면 물은 가지고 있던 열에너지를 빼앗기게 되지. 열에너지가 사라지면 물방울 속에서 자유롭게 돌아다니던 물 분자들의 운동이 둔해져서 서로 붙게 된단다.

어동이 아하! 그걸 얼음이라고 하는군요. 인공 눈은 얼음 알갱이로 만들어졌군요.

스키장에서 스키와 스노보드를 즐기는 사람들 동아일보 자료사진

'인공 눈'이 더 빨리 녹아

어동이 스키장에는 늘 눈이 가득 쌓여 있어서 잘 녹지 않는 것 같아요.

아빠 스키장의 눈도 녹는단다. 여러 대의 제설기가 끊임없이 돌아가면서 엄청난 눈을 만들어내기 때문에 먼저 있던 눈이 녹더라도 금방 새로운 눈이 만들어져 쌓이는 거지.

어동이 진짜 눈과 인공 눈 중 어떤 눈이 더 빨리 녹을까요?

아빠 인공 눈이 더 빨리 녹는단다. 혹시 하늘에서 내리는 눈을 현미경으로 들여다본 적이 있니?

어동이 네, 과학책에서 사진으로 보았어요. 물 분자들이 결합되어 생긴 예쁜 얼음결정을 보았어요. 인공 눈의 얼음 결정은 다른가요?

아빠 그렇지. 빠르게 뿌려지는 인공 눈은 구름 속에서 천천히 만들어지는 진짜 눈과 달리 얼음 결정이 만들어질 시간이 부족해. 때문에 단단하게 이어지지 않고 느슨한 형태로 결정이 만들어진단다.

어동이 아하! 그럼 인공 눈 속에 있는 분자들은 자연 눈 속에 있는 분자들보다 활발하게 움직일 수 있는 공간이 넓겠네요.

아빠 맞아. 분자들이 잘 움직일수록 고체에서 액체 상태로 더 빨리 변하게 돼. 인공 눈이 빨리 녹는 건 눈을 구성하는 분자의 움직임이 자연 눈보다 빠르기 때문이지.

다양한 모양의 눈 결정 동아일보 자료사진

어동이 엇? 아빠! 어느새 진짜 눈이 펑펑 내리네요. 진짜 눈이 수북하게 쌓이면 스키 타기가 더 재밌어지겠어요. 빨리 리프트를 타고 위로 올라가요.

아빠 그러자꾸나. 대신 다치지 않게 안전수칙을 잘 지켜가며 타야 한다. 아빠랑 약속!

기저귀로 '몽글몽글' 인공 눈을 만들어 보세요.

기저귀로도 손쉽게 진짜 같은 '인공 눈'을 만들 수 있답니다. 기저귀에는 아기의 오줌을 흡수하는 역할을 하는 '폴리아크릴산나트륨'이라는 물질이 들어있는데, 이 물질은 평소 가루이지만 물을 빨아들이면 몽글몽글한 눈모양으로 변하지요.

기저귀로 '몽글몽글' 인공 눈을 만들어 보세요.

기저귀로도 손쉽게 진짜 같은 '인공 눈'을 만들 수 있답니다. 기저귀에는 아기의 오줌을 흡수하는 역할을 하는 '폴리아크릴산나트륨'이라는 물질이 들어있는데, 이 물질은 평소 가루이지만 물을 빨아들이면 몽글몽글한 눈모양으로 변하지요.

자료제공=과학사랑(www.sciencelove.co.kr)

겨울철 부츠 속 냄새… 원인은 곰팡이
'병주고 약주고' 두 얼굴

　겨울마다 많은 사람이 찾는 패션아이템이 있다. 바로 부츠다. 특히 '어그부츠'라고 불리는 신발은 그 안이 짧은 털로 뒤덮여 있어 바람이 들어올 틈 없이 따뜻해 인기다. 그래서 다른 신발을 신었을 때보다 발에 땀이 많이 난다.

　겨울 내내 부츠를 즐겨 신다 보면 언제부턴가 부츠에서 이상한 냄새가 풍긴다. 매일 발을 잘 씻는데 어떻게 된 일일까?

　냄새의 주된 원인 중 하나는 바로 '곰팡이'. 곰팡이가 무엇인지, 어떻게 생기는지 등을 알아보자.

습도·온도 높으면 '쑥쑥'

　따뜻하고 축축한 환경에서 주로 자라는 곰팡이는 눈에 보이지 않을 만큼 아주 작은 미생물이다. 지금까지 알려진 곰팡이 종류만 7만2000여 종이다. 무수히 많은 곰팡이는 공기와 물, 흙 등 어디든지 존재한다. 한 줌

어그부츠 동아일보 자료사진

의 흙에서 수십 종의 곰팡이가 발견될 정도이다.

곰팡이는 씨가 아닌 '포자'로 번식한다. 포자란 먼지처럼 공중을 날아다니는 홀씨를 말한다. 따뜻한 곳에 오랫동안 방치된 음식에 핀 곰팡이를 보면 붉은색, 검은색, 푸른색 등 색이 다양하다. 이것은 곰팡이가 만들어내는 포자 색깔 때문이다.

곰팡이는 높은 습도와 온도, 약간의 영양분만 있으면 음식, 벽, 바닥 등 표면에 언제라도 자랄 수 있다. 따라서 적절하지 않은 습도와 온도 관리, 청결하지 않은 환경은 곰팡이가 자라기에 매우 좋은 조건이다.

예를 들어 냄새나는 어그부츠의 경우 발에서 난 땀 때문에 높은 습도와 온도가 유지된 데다 땀 때문에 불어난 각질(피부, 머리칼 등을 이루는 기본 단백질) 또는 먼지의 유기물을 영양분으로 삼아 곰팡이가 생긴 것이다.

된장은 곰팡이 맛?

이렇게 생긴 곰팡이 중에는 음식을 상하게 하고 질병을 일으키는 것도 있지만, 된장이나 의약품을 만드는 데 도움을 주는 곰팡이도 있다.

메주는 된장을 만들기 위한 기본 재료이다. 주로 콩을 삶아 찧어 덩이 형태로 만든 것이다.

메주에 짚을 포개어 씌운 뒤 햇볕에 말린다. 말리는 동안 짚이나 공기

된장을 만드는 메주 동아일보 자료사진

에 있던 여러 가지 곰팡이가 메주 안으로 들어가 자란다. 이때 메주에 피어난 곰팡이는 콩의 성분 중 단백질과 전분을 분해하는 효소를 만들어낸다. 이 효소를 통해 된장의 맛과 향을 좋게 하는 아미노산과 젖산이 많이 만들어진다.

질병을 고치는 데 도움을 주는 곰팡이도 있다. 1929년 영국 출신의 세균학자인 알렉산더 플레밍이 병원성 미생물을 연구하던 중 우연히 놀라운 현상을 발견했다. 미생물을 배양한 접시에 푸른곰팡이가 떨어졌는데 그 주위에 다른 병원균이 전혀 자라지 못한 것이다. 당시 푸른곰팡이는 빵이나 떡에 피어 못 먹게 만드는 골칫덩이로 여겨졌었다.

플레밍은 이런 현상이 푸른곰팡이가 병원균이 자라나지 못하게 하는

어떤 물질을 만들어내기 때문이라고 생각했다. 이것이 세계 최초의 항생제(다른 미생물이나 세포의 기능을 떨어뜨리는 의약품)인 '페니실린'을 찾아낸 순간이었다.

이와 달리 나쁜 곰팡이는 사람 몸에 침입해 다양한 질병을 일으킨다. 곰팡이가 공격하는 신체부위는 무차별적이다. 주로 공격하는 부위는 피부와 같은 표면이다. 하지만 인체 내부에 침입해 세포를 파괴함으로써 치명적인 감염을 일으키는 곰팡이도 많다. 내장은 물론 뇌와 뼈 등 거의 모든 신체기관을 감염시킨다.

나무를 썩게 만들어 목재 건축물을 못쓰게 만드는 곰팡이도 있다. 바로 목재를 영양원으로 삼는 곰팡이인 '목재부후균(wood-rotting fungi)'.

흰개미 못지않게 엄청난 파괴 능력을 지닌 이 곰팡이는 오래된 야외 목재구조물에 버젓이 핀다. 나무를 부패시키는 이 곰팡이가 자라기 시작한 전신주나 건축재는 몇 년을 견디지 못하고 부서진다. 건물 내부를 구성하는 마른 목재도 곰팡이 탓에 갈색의 썩은 나무로 변하곤 한다.

화산이 폭발하는 과정
부글부글 마그마, 모이면 쾅쾅

산꼭대기에서 연기가 조금씩 피어오른다. 갑자기 연기구름이 빠르게 솟구치며 하늘을 뒤덮는다. 그리고 순식간에 회색의 화산재가 마구 퍼져 나간다.

최근 멕시코 서부에 있는 '콜리마' 화산이 폭발하는 모습을 담은 영상이 화제다. 잠잠하던 화산은 왜, 어떤 과정을 거쳐 폭발하는 걸까? 화산이 폭발하면 어떤 일이 벌어질까?

흐물흐물 녹은 암석 '마그마'

우리가 딛고 선 땅은 '지각'이라는 여러 개의 판으로 이뤄져 있다. 지각은 우리가 모르는 사이 오랜 시간에 걸쳐 조금씩 움직인다. 이때 지각끼리 부딪혀 솟아오르면 산이 되고, 그 아래에서 뜨거운 열이 갑자기 뿜어져 나오면 화산이 되는 것이다.

지구 내부에는 뜨거운 열에너지가 쌓여 있기 때문에 지구의 외부보다

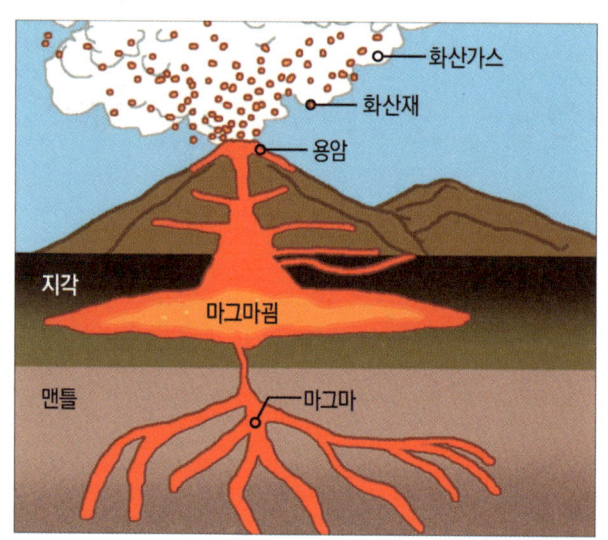

화산의 구조

온도가 훨씬 높다. 화산활동은 지각과 지각 아래에 있는 암석층인 맨틀 윗부분에서 생기는 뜨거운 열 때문에 일어난다.

지각과 맨틀을 이루는 암석이 뜨거운 열을 받아 녹으면 '마그마'라는 액체가 된다. 이 마그마가 분출해 만들어진 산이 바로 화산이다. 마그마가 땅의 표면을 따라 흐르면 '용암'이 되고, 땅속에서 모여 있으면 '마그마 굄'이 된다.

높은 압력 때문에 밖으로 '뻥'

화산은 왜 폭발하는 걸까? 마그마가 한 데 모이면 압력이 높아지는데, 강한 압력의 마그마는 지각의 약한 부분을 뚫고 조금씩 올라온다. 그러다가 어느새 땅 위에 틈이 생기게 되면 땅속 마그마가 가스와 함께 밖으로 뿜어져 나오는 것이다.

냄비에 물을 붓고 뚜껑을 덮은 채로 끓이면 냄비의 뚜껑이 들썩이다 물이 거품이 되어 밖으로 나온다. 수증기(온도나 압력에 의해 기체로 변한 물)의 압력이 냄비의 빈 공간을 만나 물과 함께 밖으로 뿜어져 나오는 것. 땅 속의 가스와 마그마가 압력에 의해 폭발해 화산이 생기는 것도 같은 원리다.

화산이 폭발하는 모습을 찍은 항공사진 ▶

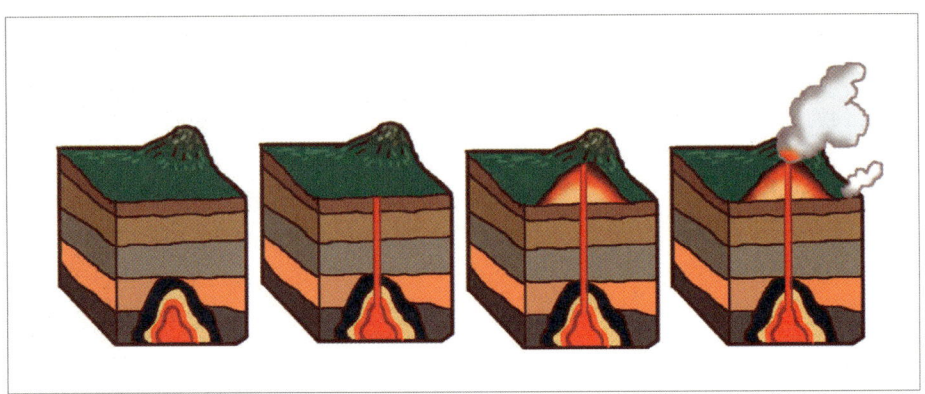
화산이 분출하는 과정

회색 연기의 정체는?

화산이 분출하면 기체, 고체, 액체 성분이 모두 나온다. 화산이 폭발할 때 나오는 회색 연기는 기체와 고체 성분이 섞여 있다. 회색 연기를 이루는 기체인 '화산 가스'는 대부분 수증기로 이뤄졌다. 연기를 이루는 고체 성분은 작은 암석 조각들로 이뤄진 '화산 쇄설물'. 진한 회색이며 둥근 모양인 '화산탄', 재와 비슷하면서 부드럽고 가벼운 '화산재' 등이 있다.

화산이 폭발하면 나오는 황산화물(용암가스와 화산재에 있는 황산입자가 섞인 물질)은 인간에게 해를 끼친다. 햇빛을 막아 농작물이 제대로 자라는 것을 방해하고, 물을 화산재로 오염시켜 사람이 마실 수 없게 만들기 때문이다.

점성(끈끈한 성질)이 있는 액체인 '용암'은 화산의 모양을 형성한다. 점성이 작으면 경사가 완만한 산이, 점성이 강하면 경사가 높은 산이 만들어진다.

화산 분출 모형 만들기

화산이 분출하는 모양을 직접 만들어 관찰해 보세요. 산성인 식초와 염기성인 탄산수소나트륨은 서로 다른 성질을 지녔어요. 이 두 물질이 만나면 중성인 물과 이산화탄소를 만들어냅니다. 이 과정에서 열과 높은 압력이 생기지요. 좁은 공간 속에서 뜨겁고 높은 압력의 물질이 밖으로 뿜어져 나오면서 마치 화산이 분출하는 것처럼 보인답니다.

①

②

③

④

실험 시 주의사항
※ 화학물질을 다루는 실험이므로 비닐장갑을 착용하고 실험하세요.
※ 위의 모든 재료는 절대로 입에 넣거나 먹어서는 안 됩니다. 실험을 마친 뒤 꼭 두 손을 깨끗이 씻습니다.

재료: 탄산수소나트륨, 식초(색소 포함), 세제, 필름통, 접시, 점토(갈색, 빨간색), 나무막대, 비닐장갑

① 접시 가운데 필름통을 놓고 점토를 화산 모양으로 붙인다.
② 탄산수소나트륨과 세제를 넣고 나무막대로 잘 섞는다.
③ 색소를 섞은 식초를 넣는다.
④ 필름통 안에서 액체가 뿜어져 나오는 모습을 관찰한다.

자료제공=과학사랑(www.sciencelove.co.kr)

민속놀이에 숨은 과학원리

빙글빙글 팽이가 도는 이유는?

우리나라 고유 명절인 설날이 되면 팽이치기, 널뛰기 등 다양한 민속놀이를 체험하는 행사가 곳곳에서 열린다. 민속놀이에는 우리 조상의 지혜가 담겨 있다. 뿐만 아니라, 민속놀이를 즐겁게 하면 몸도 튼튼해진다.

이런 민속놀이에는 놀라운 과학원리들이 숨어 있다. 팽이치기, 널뛰기, 제기차기 속에 담긴 과학을 살펴보자.

우주에선 영원히 돌아요

팽이에 줄을 감아 던지면 팽이는 끝이 뾰족한데도 불구하고 옆으로 넘어지지 않고 똑바로 서서 빙글빙글 돈다. 어떻게 가능할까? 이유는 감았던 줄이 풀릴 때 팽이에 전달되는 힘에 있다. 물체에 외부에서 회전시키는 힘을 더해 주면 물체는 에너지를 갖게 되고 수직 축을 중심으로 쓰러지지 않게 된다. 만약 바닥과 팽이와의 마찰력이나 공기 저항이 없다면 에너지 보존 법칙으로 인해 팽이는 영원히 넘어지지 않고 회전을 한다.

팽이치기 하는 모습 동아일보 자료사진

그러나 마찰력과 공기 저항으로 팽이는 결국 에너지를 잃으면서 점점 속도가 느려져 넘어진다. 만약 우주공간에서 팽이를 돌리면 영원히 넘어지지 않고 돌아갈 것이다.

공중에 높이 뜨려면?

널뛰기는 짚이나 가마니로 가운데 받침대를 만들어 놓고 그 위에 기다란 널빤지를 올려놓은 뒤 두 사람이 널의 양편에 올라서서 번갈아 몸이 공중으로 올라갔다 내려갔다 하는 놀이다. 널뛰기를 균형 있게 잘 하기 위해서는 널이 수평을 이뤄야 한다. 그러려면 널뛰기를 하는 두 사람의 몸무게가 비슷하면 좋다. 만약 두 사람의 몸무게가 다르다면? 가벼운 사람은 널의 끝 쪽에, 무거운 사람은 널의 중간쯤에 오면 된다. 여기에는 '지레의 원리'가 숨겨져 있다. 받침점(받침대)에서 멀리 떨어져 힘을 줄수록 누르는 힘이 커지는 원리다.

125

널을 뛰기 위해서는 상대편에게 힘을 전달시켜야 한다. 여기에는 '작용과 반작용의 법칙'이 숨어 있다. 작용 반작용의 법칙이란 물체 A가 물체 B에 힘을 가하면 A도 B에 가한 동일한 힘을 되돌려 받게 되는 것이다. '작용'이 있으면 그와 똑같은 힘인 '반작용'이 존재하는 것. 따라서 A가 한쪽 널을 힘껏 밟으면(작용) 그에 대한 반작용으로 다른 쪽 널이 동일한 힘을 받아 위로 올라가면서 B가 공중으로 솟구친다.

제기 날개가 많아야 유리

제기차기는 제기를 발로 가장 많이 찬 사람이 이기는 놀이다. 제기는 엽전이나 쇠붙이에 얇고 질긴 종이나 천을 접어서 싼 다음, 끝을 여러 갈래로 찢어 너풀거리게 만든 놀이기구다.

제기차기에는 '공기 저항력의 원리'가 숨어 있다. 공중에 뜬 제기가 아래로 떨어질 때, 대기 중 공기입자들과 부딪치는 과정에서 떨어지는 반대 방향으로 저항력이 생긴다. 즉, 팽이의 면적이 커질수록 저항력은 커지게 되고 떨어지는 속도에 영향을 줘 천천히 떨어지게 된다. 만일 제기의 날개가 많고 넓으면 그만큼 면적이 넓어져 천천히 떨어지게 되고, 제기의 날개가 적고 좁으면 그만큼 떨어질 때 공기와 부딪치는 면적이 줄어들어 더 빨리 떨어지게 된다. 제기를 차는 사람의 입장에서는 제기가 최대한 천천히 떨어져야 발로 정확하게 찰 확률이 높아지므로, 제기의 날개가 많고 넓을수록 게임에 유리하다.

원자력 발전의 두 얼굴

에너지 생산 효율적 vs 방사성 물질 위험

부산 기장군에 있는 고리원자력발전소 1호기(이하 고리원전 1호기)를 폐쇄할 것을 주장하는 시민들이 부산역 앞에서 집회를 열었다.

고리원전 1호기는 1978년부터 가동된 우리나라 최초의 원자력발전소이다. 2007년 수명을 다해 가동이 멈췄지만 심사를 통해 '안전하다'는 평가를 받았다. 이에 따라 정부가 '2017년까지 다시 가동하라'고 허가했다.

하지만 시민들은 '고리원전 1호기를 계속 사용하다가는 큰 사고가 날 수 있다'며 걱정하고 있다. 원자력발전소는 어떤 위험을 지녔기에 시민들이 불안해하는 걸까? 원자력발전소의 가동 원리와 장단점에 대해 살펴보자.

쪼개질수록 에너지 '펑펑'

어떤 물질을 쪼개고 또 쪼개면 물질을 이루는 가장 작은 단위의 알갱이가 나온다. 이 알갱이를 '원자'라고 한다. 원자는 원자핵과 그 주위를 도는 전자로 이뤄진다.

작은 원자핵이 서로 결합해 더 큰 원자핵이 되는 것을 '핵융합', 큰 원자핵이 작은 원자핵으로 쪼개지는 것을 '핵분열'이라고 한다. 핵융합, 핵분열이 일어나는 동안 원자핵에서는 에너지가 만들어진다.

원자핵들이 서로 반응하는 과정에서 만들어지는 에너지로 물을 끓이고, 이때 나오는 수증기로 터빈발전기를 돌려 전기를 생산하는 것이 원자력발전소의 원리다.

위험한 방사성 물질

원자력발전은 다른 발전에 비해 효율적이다. 원자력발전에 주로 쓰이는 물질인 우라늄 1g이 쪼개질 때 생기는 에너지의 양은 석탄 3t(톤)을 완전히 태워 만든 에너지의 양과 같다. 그만큼 경제적이다.

하지만 핵반응이 일어날 때 많은 양의 방사성 물질이 발생하는 것이 문제다. 방사성 물질은 사람과 동물, 지구환경에 매우 치명적인 독성을 지녔다. 사람이 방사성 물질에 노출되면 몸속의 세포 조직이 파괴돼 각종 질병을 앓는다. 이 때문에 원자력발전소는 반드시 안전하게 관리돼야 한다.

4년째 시간 멈춘 후쿠시마

고리원전 1호기를 폐쇄하라고 주장하는 사람들은 고리원전 1호기가 낡았기에 안전사고가 나기 쉽다고 말한다.

실제로 2012년 고리원전 1호기에서 12분 동안 전기가 끊겨 모든 시스템이 멈추는 대형사고가 났었다. 더 오랫동안 전기가 끊겼다면 원자로(핵

고리원자력발전소 동아일보 자료사진

반응을 유지하고 제어하는 장치)가 너무 뜨거워져 결국 녹아내려 방사성 물질이 방출될 수 있었다고 에너지 전문가들은 말한다.

2011년 일본 후쿠시마 현의 원자력발전소 사고도 이 때문에 발생한 것이다. 당시 사고 난 원자력발전소 주변 지역에 살던 주민 약 23만 명은 다른 지역으로 떠나야 했다. 4년이 지난 지금까지도 이들 상당수가 고향으로 돌아가지 못하고 있다. 방사성 물질에 노출된 지역을 원래 상태로 되돌리는 것은 매우 어렵다.

다른 나라에서는?

세계 각국에서는 원자력발전소의 수명이 끝났어도 엄격한 평가를 통해 '안전하다'고 판단돼 사용 기간을 늘린 곳이 적지 않다. 국제원자력기구(IAEA)에 따르면 전 세계 가동 중인 원자력발전소 435기 가운데 204기(46.9%)가 30년 이상된 발전소이다.

반면 일본 후쿠시마 원전사고 이후 여러 나라에서 원자력발전소 수를 줄이려고 한다. 독일은 2022년까지 모든 원자력발전소를 폐쇄하고 대체 에너지를 개발하겠다고 발표했다. 네덜란드, 스위스, 오스트리아 등도 원자력발전소 수를 줄이겠다고 밝혔다.

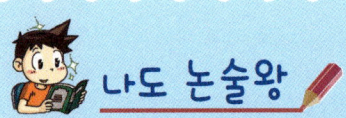

나도 논술왕

정부가 고리원전 1호기를 2017년까지 다시 가동하라고 결정한 것에 대해 여러분은 찬성하나요, 반대하나요? 자신의 의견과 이에 대한 근거가 논리적으로 드러나도록 주장하는 글을 써보세요.

식물 플랑크톤이 지구온난화의 원인?
적당하면 '약' 과하면 '독'

그동안 지구온난화(지구의 온도가 오르는 현상)를 억제한다고 알려진 식물 플랑크톤이 오히려 지구온난화의 속도를 앞당긴다는 연구결과가 나왔다. 식물 플랑크톤은 광합성(햇빛을 이용해 물과 이산화탄소로 포도당을 만듦)을 통해 필요한 영양분을 얻는 물속 생물이다.

국내 포항공과대 국종성 환경공학부 교수가 한국해양과학기술원, 독일 기상학연구소와 함께 북극의 온도 변화를 연구해 '식물 플랑크톤이 이산화탄소를 흡수해 지구온난화를 늦추는 것보다 햇빛을 흡수해 온도를 높이는 속도가 더 빠르다'는 연구결과를 발표했다.

대체 플랑크톤이란 무엇일까?

물속에 눈이 내려?

'플랑크톤(plankton)'은 그리스어로 '방랑자'라는 뜻이다. 스스로 움직이는 능력이 없거나 매우 약해 그저 물속에 떠다니는 생물이다.

플랑크톤은 크기에 따라 다섯 가지로 분류된다.

0.2㎛(마이크로미터·100만 분의 1m를 나타내는 단위) 미만은 '펨토 플랑크톤' 0.2~2㎛ 미만은 '초미소 플랑크톤' 2~20㎛ 미만은 '미소 플랑크톤' 20~200㎛ 미만은 '소형 플랑크톤' 200㎛ 이상은 '대형 플랑크톤'이다.

또 플랑크톤은 영양분을 섭취하는 방법에 따라 식물 플랑크톤과 동물 플랑크톤으로 분류된다. 식물 플랑크톤은 광합성을 통해 필요한 영양분을 만든다. 동물 플랑크톤은 식물 플랑크톤이나 다른 생물의 박테리아를 먹는다.

플랑크톤은 죽으면 덩어리가 되어 바닥에 가라앉는다. 그 모습이 마치 흰 눈이 내리는 장면을 연상케 해 '마린 스노(marine snow)'라고 한다.

플랑크톤이 만든 산소

사람은 플랑크톤으로부터 산소의 상당량을 얻는다. 식물 플랑크톤은 햇빛을 받아 물에 있는 이산화탄소, 물과 결합해 포도당을 만든다. 이때 이산화탄소를 흡수한 식물 플랑크톤이 산소를 내뿜는 것.

대기 중에 포함된 산소의 70%는 식물 플랑크톤이 만든다. 나머지 30%는 숲, 해조류가 생산한다. 즉, 우리가 숨을 쉬는 데 식물 플랑크톤은 아주 중요한 역할을 한다.

사람이 섭취하는 모든 물속 생물이 먹는 영양분도 플랑크톤에서 출발한 것이다. 식물 플랑크톤을 먹고 자란 동물 플랑크톤은 모든 물속 생물의 먹이가 되기 때문이다. 동물 플랑크톤이 풍부해야 알에서 깬 지 얼마

녹조가 나타난 강 동아일보 자료사진

안 되는 어린 물고기들이 잘 자랄 수 있다.

플랑크톤의 일종인 클로렐라도 건강식품으로 인기가 많다. 클로렐라에는 단백질이 풍부하다는 연구결과가 나왔기 때문이다. 과학자들은 플랑크톤 자체가 미래에 중요한 식량공급원이 될 것이라고 내다봤다.

물이 푸르게 변해요

하지만 지구온난화로 물속 온도가 높으면 플랑크톤이 지나치게 많아진다. 그래서 녹조와 적조가 생긴다. 녹조는 강이나 하천이 녹색으로 변하는 현상, 적조는 바다가 붉게 변하는 현상이다.

이때 식물 플랑크톤을 먹으며 동물 플랑크톤이 늘어나는 속도가 다른 수중생물이 동물 플랑크톤을 먹어치우는 속도보다 빠르다. 그래서 동물 플랑크톤이 물에 녹은 산소를 들이마셔 다른 생물이 호흡할 산소가 부족해진다. 결국 녹조, 적조가 나타나면 많은 물고기가 한꺼번에 숨지는 현상이 잇따른다.

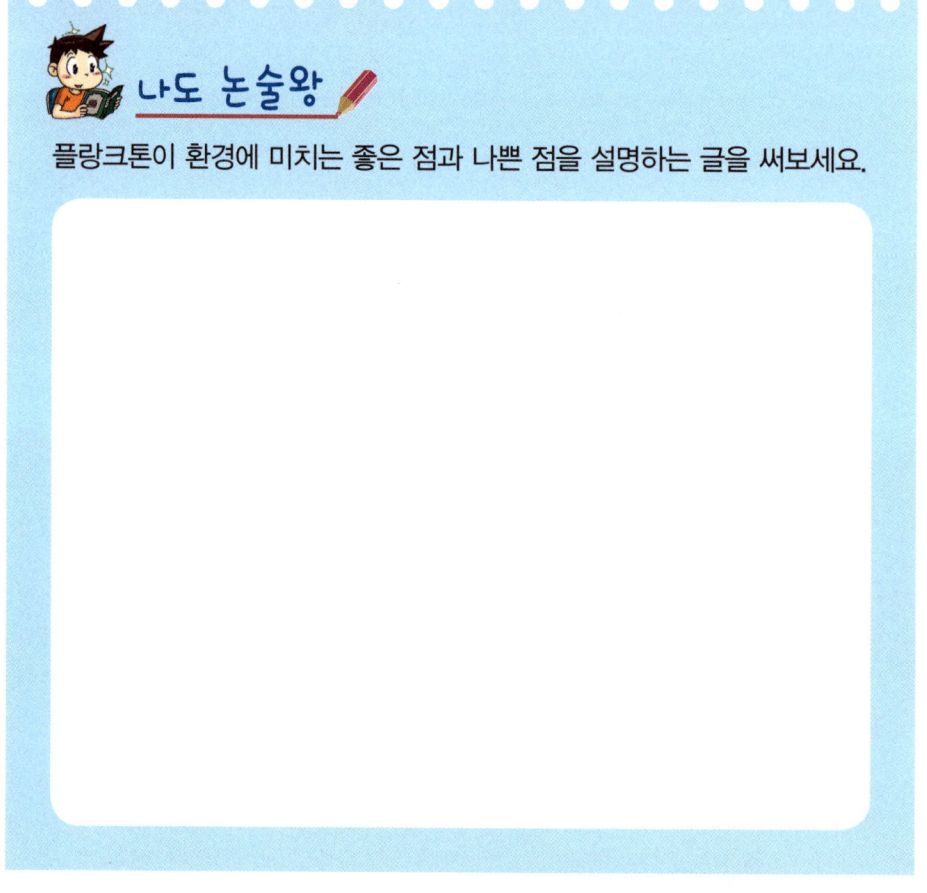

나도 논술왕

플랑크톤이 환경에 미치는 좋은 점과 나쁜 점을 설명하는 글을 써보세요.

충남 보령 바닷가에서 공룡발자국 화석 발견
부드러운 진흙 위에 발자국 '꾹'

충남 보령시 바닷가에서 공룡발자국 화석이 발견됐다. 보령시에 따르면 보령시 천북면 학성리 바닷가에서 1억 년 전 중생대 백악기에 살았던 것으로 보이는 공룡의 발자국 화석을 충남 홍성군의 중학교 선생님이 발견해 시에 신고했다. 조사를 의뢰받은 문화재청은 두 차례에 걸쳐 조사를 마치고 전문가들의 의견을 종합해 '공룡발자국 화석이 맞다'고 최종 확정했다.

이번에 발견된 화석은 약 30cm의 원형 공룡발자국 십여 개이다. 지금까지 국내에서 보고된 공룡발자국 화석은 대부분 경상도 혹은 전남지역에 집중돼 있고, 전북 군산과 충북 영동 등 중부 일부 지역에서도 발견됐다. 충남지역에서 발견된 것은 이번이 처음이다.

공룡발자국 화석은 어떻게 만들어지는 것일까? 어떻게 1억 년이 지난 뒤 발견됐는데도 원형 그대로 보존돼 있는 것일까?

진흙이 딱딱한 암석으로

화석이란 생물의 몸체나 활동 흔적 따위가 퇴적물(물과 바람에 의해 부서진 암석의 알갱이들) 등에 남아 있는 것을 말한다. 공룡의 발자국이나 새 발자국, 생물이 기어간 흔적 등은 '흔적 화석', 공룡의 뼈와 같은 화석을 '골격 화석'이라고 한다.

공룡발자국 화석은 공룡이 걸어가면서 진흙에 찍힌 발자국이 화석이 되어 발견되는 것이다. 지금은 발자국 모양이 찍힌 딱딱한 돌이지만 공룡이 살았을 당시에는 부드러운 진흙이 많은 장소였을 것이다. 물기가 조금 섞여 있어 발자국이 잘 찍히는 강가나 바닷가 갯벌이었을 가능성이 높다. 알갱이가 작은 진흙일수록 발자국은 선명하게 잘 찍힌다.

진흙 위에 찍힌 발자국은 오랫동안 공기에 노출되면 점점 딱딱하게 굳고, 시간이 흐름에 따라 발자국 위에 퇴적물이 쌓이며 보이지 않게 된다. 이때 발자국 위에 덮이는 퇴적물은 주로 알갱이가 큰 모래이다. 퇴적물의 무게로 인한 압력과 뜨거운 열을 받으면 발자국이 찍힌 진흙은 딱딱하게 굳는다. 공룡의 발자국이 찍힐 당시에는 진흙과 같은 퇴적물에 불과했지만 오랜 시간 동안 압력과 열을 받아 딱딱한 암석이 되는 것이다.

그렇다면 어떻게 발자국이 찍힌 암석은 침식(비, 바람, 하천 등에 의해 땅이 깎여 나감)되지 않은 것일까? 비밀은 단단하게 뭉쳐지는 '응집력' 때문이다. 알갱이가 큰 모래보다 알갱이가 작은 진흙은 응집력이 크기 때문에 잘 침식되지 않는다.

위에 있던 응집력이 약한 모래 퇴적층이 물과 바람에 깎여 나가면 공룡

박물관에 전시된 공룡 골격 화석

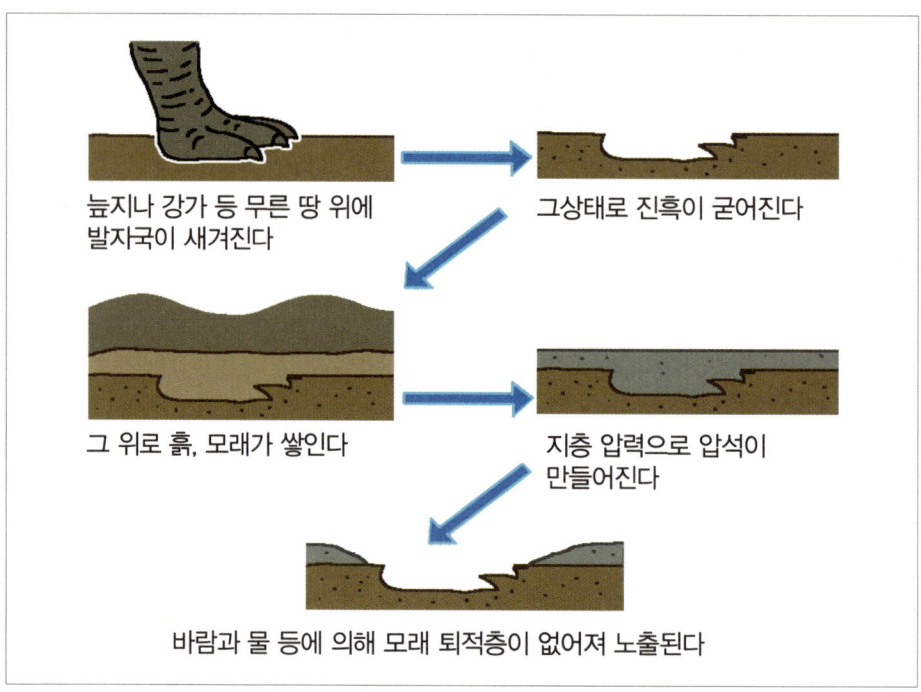

공룡발자국 화석이 만들어지는 과정

발자국이 찍힌 암석이 지표면에 그대로 드러나게 되는 것이다. 또는 묻혀 있던 암석을 과학자들이 발굴해 내기도 한다.

발자국만으로 공룡 특징 알아요

공룡발자국 화석이 중요한 이유는 무엇일까? 이 화석에서 공룡의 종류, 걸음걸이, 보행 속도, 몸 크기 등에 대한 정보를 얻을 수 있기 때문이다.

공룡발자국 화석의 형태는 발가락에 따라 둥근 원반 모양, 굵은 새 발가락 모양, 뾰족한 왕관 모양으로 다양하다. 모양을 확인하면 발자국 주인이 육식공룡이었는지 초식공룡이었는지도 알 수 있다. 예를 들어 발자

남해안 일대에서 발견되는 공룡화석지 동아일보 자료사진

국에 날카로운 발톱의 흔적이 남아 있다면 다른 동물을 사냥했던 육식공룡이라고 추정하는 것이다.

또 발자국의 길이와 발자국 사이의 넓이를 통해 공룡의 몸집이 어느 정도였는지, 걸었는지 뛰었는지를 추정할 수 있다. 대부분 공룡 발자국 길이의 4배가 발바닥부터 골반까지의 길이가 되므로, 발자국의 길이만으로도 공룡의 대략적인 크기를 파악할 수 있는 것이다.

나도 논술왕

공룡 발자국 화석이 만들어지는 과정을 설명하는 글을 써보세요.